FESTA
ALLGEMEINE REIHE
BAND 1602

Boris Koch

DER MANN OHNE GESICHT

100 unglaubliche Geschichten

Besuchen Sie uns im Internet:
www.Festa-Verlag.de

Umwelthinweis:
Dieses Buch wurde auf chlor- und säurefreiem Papier gedruckt.

1. Auflage Mai 2004
© 2004 by Festa Verlag, Leipzig
Umschlaggestaltung: www.babbarammdass.de
Druck und Bindung: FINIDR s.r.o.
Alle Rechte vorbehalten

ISBN 3-935822-87-1

INHALT

VORWORT — 7

KAPITEL 1: On the road — 23

KAPITEL 2: Prost Mahlzeit — 39

KAPITEL 3: Drogen und Alkohol — 53

KAPITEL 4: Der beste Freund des Menschen und andere Tiere — 63

KAPITEL 5: Sex — 75

KAPITEL 6: Liebe und Beziehung — 91

KAPITEL 7: Die lieben Kleinen — 99

KAPITEL 8: Religion und Übernatürliches — 111

KAPITEL 9: In der Ferne — 133

KAPITEL 10: Feierabend und Wochenende — 151

KAPITEL 11: Arbeit — 173

KAPITEL 12: Soldaten und Krieg — 183

KAPITEL 13: Räuber und Gendarm — 191

KAPITEL 14: Vermischtes — 201

VORWORT

Moderne Sagen, auch bekannt als urban legends, erfreuen sich außerordentlicher Beliebtheit. Seit *The Vanishing Hitchhiker,* einer ersten kommentierten Zusammenstellung von urban legends des amerikanischen Folkloristen Jan H. Brunvand aus dem Jahre 1981, sind in verschiedenen Ländern wie Schweden, England und Italien eine ganze Reihe vergleichbarer Titel erschienen. Und so veröffentlichte der Göttinger Volkskundeprofessor Rolf Wilhelm Brednich 1990 *Die Spinne in der Yucca-Palme,* worin 116 in Deutschland gesammelte moderne Sagen vertreten sind – oder eben »sagenhafte Geschichten von heute«, wie er sie bezeichnet. Es folgten drei weitere Bücher unter seiner Regie, in denen er solche Sagen sammelte, kommentierte und mit Varianten aus anderen Ländern verglich, um den Erzähltypus dieser sagenhaften Geschichten von heute zu erklären.

Im Unterschied zu all diesen Büchern ist der Ansatz der vorliegenden Sammlung eher erzählerischer als wissenschaftlicher Natur. »Sammeln und erzählen«, nicht »sammeln und erklären« lautete meine Devise. Entsprechend habe ich die Sagen nicht möglichst wortwörtlich von meiner Quelle übernommen, sondern reihe mich ein in die Kette der Erzähler einer jeden Sage. Und das in dem Bewusstsein, dass hier der Schritt von der mündlichen Tradition zur schriftlichen Wiedergabe vollzogen wird. Charakter und typische Erzählweisen sowie Personen und geschilderte Ereignisse der Sagen habe ich beibehalten. Da die Sagen auf ihrer Wanderschaft meist mehrmals Veränderungen erfahren, bedeutet eine weitere keinen Eingriff in ihre Authentizität. Im Gegenteil, ich hoffe, sie hier so lebendig erhalten zu haben, wie das jeder Erzähler versucht, der sie an einem geselligen Abend zum besten gibt.

Verloren geht durch das Medium Buch (und das gilt auch

für den Film oder das Internet) jedoch das Unmittelbare des Erzählens, der direkte Kontakt zum Zuhörer, zu Stimmung und Situation, in welche die Geschichte eingebettet werden könnte.

»Dazu fällt mir etwas ein, das mir letzte Woche ein Freund erzählt hat. Einem Bekannten von ihm ist nämlich Folgendes passiert ...« sind wohl typische einleitende Worte einer solchen, mündlich weitergegebenen Sage, die mir natürlich verwehrt sind. Aber wenn Sie möchten, können Sie sich diese Worte gern vor jeder der Geschichten dazu denken ...

Wie aber definiert sich eine solche moderne Sage? In aller Kürze könnte man folgende Behauptung aufstellen:

Eine moderne Sage ist eine mündlich weitergegebene Geschichte, die in unserer Zeit spielt und fälschlicherweise für wahr gehalten wird, auch wenn sie von einem ungewöhnlichen, unwahrscheinlichen oder gar übernatürlichen Ereignis berichtet, das einer (oder mehreren) nicht namentlich genannten Person zugestoßen sein soll.

Von diesem Punkt ausgehend kann man nun die einzelnen Unteraspekte der Definition näher beleuchten.

Die Mündlichkeit der Geschichten ist nicht immer gegeben, wie allein schon dieses Buch beweist. Natürlich verlieren die hier erzählten Geschichten nicht ihren Status als moderne Sagen, nur weil sie nun schriftlich niedergelegt worden sind. Das gilt ebenso für alle anderen Bücher zum Thema oder für jene Sagen, die es als »wahre Begebenheiten« bis in verschiedene Tageszeitungen geschafft haben, wo sie vornehmlich in der Rubrik »Vermischtes« zu finden sind und häufig im Nachhinein als Zeitungsente enttarnt werden. Von dort kehren viele Geschichten in den mündlichen Kreislauf zurück, wenn beispielsweise jemand seinem Kollegen berichtet, was er auf dem Weg zur Arbeit Unglaubliches gelesen hat. Dann gibt er das Gelesene in seinen eigenen Worten wieder, wodurch sich die Geschehnisse einmal mehr um ein kleines Stück verschieben – ganz im Sinne der mündlichen Tradition.

Dennoch gibt es einen entscheidenden Punkt, der sich gerade durch die Verbreitung in einem Printmedium verändert: die Zahl der Adressaten. Während eine mündlich weiter gegebene Geschichte sich meist an eine oder wenige Personen richtet, wird einer Zeitungsmeldung eine ungleich größere Verbreitung zuteil. Und nicht zuletzt steigt mit der Schriftlichkeit in den meisten Fällen auch die Glaubwürdigkeit der Erzählung.

Ähnlich und doch anders verhält es sich mit dem Internet, in dem moderne Sagen häufig in Rundmails kursieren oder auf verschiedenen Seiten einen Hafen gefunden haben. So kommen sie gar zu einer weltweiten Verbreitung, zumindest wenn sie in einer entsprechenden Sprache, am besten Englisch, verfasst sind – und sie breiten sich in diesem Fall auch schneller aus, als in der mündlichen Form. Entscheidender aber ist folgender Unterschied: via E-Mail weitergeleitete Geschichten verändern sich nicht. Während bei der mündlichen Überlieferung jeder seine eigenen Worte finden muss, manches betont oder übertreibt, anderes kürzt oder ganz weg lässt, und dadurch moderne Sagen einer steten Veränderung unterworfen sind, behält eine solche Wandersage im Internet ihren Wortlaut bei. Sie wird einfach wortwörtlich an neue Adressaten weitergeleitet. Dennoch gehören auch solcherart übermittelte Geschichten noch immer zu der Gattung der modernen Sage.

Die modernen Sagen spielen in unserer Zeit. Viele thematisieren Probleme der sich verbreitenden Technologie oder berichten von einem Ausbrechen aus den typischen Verhaltensmustern unserer Gesellschaft.

Doch sind auch hier die Grenzen nicht zu eng zu ziehen, und die mögliche Datierung ist schon gar nicht auf eine bestimmte Zeitspanne festzulegen. Wenn sich eine ältere Dame an eine Geschichte aus ihrer Jugendzeit erinnert, kann dies fünfzig oder sechzig Jahre her sein, und trotzdem erfüllt die Erzählung die Kriterien einer modernen Sage. Auch habe ich in die vorliegende Sammlung eine Geschichte aufgenommen, die zur Weltausstellung in Paris 1900 spielt, denn sie erfüllt alle anderen Kriterien. Diese Geschichte wurde im Übrigen bereits vor dem Hintergrund der Ausstellung von 1889 erzählt, und es würde mich nicht wundern, wenn mittlerweile eine vergleichbare Sage die Runde macht, die zeitlich näher an unser heutiges Datum versetzt wurde.

Dennoch ist der bei weitem überwiegende Teil der modernen Sagen in unserer Zeit angesiedelt; sie werden so erzählt, als seien sie in den letzten Tagen, Monaten oder Jahren geschehen. Das bedeutet aber nicht, dass der Kern der jeweiligen Erzählung nicht in einer bestimmten Tradition stehen kann und so seit Jahrzehnten oder Jahrhunderten, in mehr oder weniger leicht variierter Form, wiederkehrt. Als Beispiele seien hier nur Geistersichtungen erwähnt – sowie Geschichten von Menschen, die lebendig begraben wurden.

Letztere bringen uns direkt zum nächsten Punkt, dem Wahrheitsgehalt der modernen Sagen. Tatsache ist, dass zu Zeiten, als die Medizin noch nicht so weit war wie heute, Menschen für tot erklärt wurden, in denen noch Leben steckte. Doch die Angst, lebendig begraben zu werden, gebar zusätzlich eine ganze Reihe Geschichten von solchen Vorfällen, die keinen konkreten Fall aus der Realität berichteten, sondern der Reihe der tatsächlich zu früh Begrabenen ein neues fiktives Opfer hinzufügten.

Zu dem Thema Wahrheitsgehalt fällt mir immer eine Geschichte ein, die meine Mutter mir vor gut fünfzehn Jahren erzählt hat. Eine Geschichte, die meinem Onkel tatsächlich zugestoßen sein soll. Und auch, wenn es sich bei diesem Satz um die klassischen Einleitungsworte für eine moderne Sage handelt, ist diese Geschichte tatsächlich wahr. Und selbstverständlich gehört auch diese Beteuerung zu einer ordentlichen Sage dazu ...

Wie dem auch sei, mein Onkel war damals um die zwanzig und nachts alleine im Auto unterwegs. Plötzlich wurde sein Wagen von ein paar finsteren Gestalten angehalten. Sie hielten Ketten in den Händen, und zwei bewegten sich in bedrohlicher Haltung direkt auf die Fahrerseite zu. Mein Onkel konnte nicht viel mehr als Schemen erkennen, doch das genügte. Sein laut schlagendes Herz rutschte ihm in die Hose.

Als die finsteren Gesellen aber nah genug heran waren, erkannte eine von ihnen in meinem Onkel den Mann, mit dem er in seiner Stammkneipe schon ein paar gemeinsame Biere geleert hatte, und sein Gesicht entspannte sich.

»Ach, du bist es«, sagte er und nickte ihm zu. »Fahr weiter.«

Und er wies seine Kumpel an, die Straße frei zu geben, was mein Onkel auch sofort nutzte.

So oder so ähnlich hat es sich zugetragen. Ich war etwa dreizehn oder vierzehn, als meine Mutter mir den Vorfall berichtete, und im Zuge dieses Vorworts habe ich sie noch einmal angerufen, um mich zu vergewissern. Und das war gut so, denn in meiner Erinnerung saß meine Mutter auf dem Beifahrersitz – was nicht der Fall war, wie sie mir beteuerte. Und was sie mir damals bestimmt auch nicht so erzählt hatte. Was allein eine Ausgeburt meiner Fantasie war. Überdies hatte ich die Ketten nicht den Gestalten in die Hand gegeben. In meiner Erinnerung waren sie über die Straße gespannt gewesen.

Doch ganz genau konnte sich auch meine Mutter nicht mehr an die Geschichte erinnern. Und nicht zuletzt müssen wir beide uns noch auf die damaligen Worte meines Onkels verlassen. Ich bin weit davon entfernt, ihm hier irgendwelche Unwahrheiten zu unterstellen, doch ist die Wahrnehmung immer subjektiv, und gerade in einer solch bedrohlichen Situation ist es schwer, einen kühlen Kopf zu bewahren.

Und über die Intention dieser »finsteren Gestalten« können wir nur spekulieren: Wollten sie Autos ausrauben? Haben sie jemanden Bestimmtes gesucht? Wir wissen es nicht. Und doch ist unsere Geschichte an diesem Punkt noch nicht zu Ende.

Wie gesagt, ich war etwa vierzehn und wollte natürlich cool sein. Und da man sich auch gerne über sein Umfeld definiert, gehörte dazu sicher auch ein Onkel, der mit Gangstern oder Rockern regelmäßig per du ist. So, wie ich ihn kannte, trug mein Onkel weder lange Haare noch Lederklamotten, und er ging einem »ehrbaren Beruf« nach. Aber das musste ich ja niemandem auf die Nase binden. Also erzählte ich meine möglichst »coole« Variante der Geschichte einem Freund. Dieser Freund war in meinem Alter und ebenso bestrebt, cool zu sein. Doch auch sein Gedächtnis funktionierte nicht perfekt. Etwa drei, vier Wochen später erzählte er mir »meine« Geschichte – nur war sie in diesem Fall seinem eigenen Onkel widerfahren.

Ich habe damals lange gegrübelt, warum er die Sache gerade mir erzählt hat. Er musste vergessen haben, dass er sie von mir hatte. Aber was genau war in seinem Kopf vorgegangen? Ich legte mir zwei Möglichkeiten zurecht: Entweder hat er sich bewusst eine fremde Anekdote angeeignet, um damit vor anderen zu prahlen, und eben einfach vergessen, dass er diese ursprünglich von mir gehört hatte, oder aber er hatte von dem Protagonisten der Geschichte lediglich die Bezeichnung »Onkel« behalten, aber vergessen, dass es sich um meinen Onkel gehandelt hatte. Und so wurde unbewusst aus irgendeinem Onkel sein Onkel. Da ich mir nicht vorstellen konnte, dass er mich bewusst belog, tendierte ich zu der zweiten Möglichkeit und war so zum ersten Mal auf einen jener Mechanismen getroffen, die zur Verbreitung moderner Sagen beitragen.

Übrigens weiß ich nicht, wem mein Freund diese Geschichte sonst noch erzählt hat. Vielleicht ist sie längst selbst zu einer modernen Sage geworden. Wenn Sie sie also demnächst hören sollten, denken Sie daran: Sie ist meinem Onkel passiert, und nicht dem Neffen Ihrer Nachbarin ...

Würde man nun den Onkel meines Freundes mit diesen, angeblich seinen, Erlebnissen konfrontieren, würde er sie vermutlich von sich weisen und erklären, die ganze Erzählung sei eine glatte Lüge, frei erfunden. (Natürlich gibt es theoretisch noch die Möglichkeit, dass ihm tatsächlich genau dasselbe passiert ist. Aber die Wahrscheinlichkeit ist wohl so gering, dass wir diesen Aspekt guten Gewissens außen vorlassen können.) Doch der Onkel meines Freundes hätte Unrecht mit seiner Behauptung, das wäre eine Lüge. Denn im Kern ist die Geschichte wahr. Sie hat sich tatsächlich ereignet, wenn auch mit einem anderen Onkel. Für einen Zuhörer nun, der keinen der beiden kennt, macht es auch nicht den geringsten Unterschied, wer sie ihm erzählt und um wessen Onkel es sich nun wirklich handelt. In seinem Kopf entsteht so oder so das Bild eines dritten Onkels.

Wie lässt sich nun aber der Wahrheitsgehalt einer solchen Sage feststellen? Grob gesagt, mithilfe von intensiver Recherchearbeit und Glück. Wesentlich für die Einschätzung von modernen Sagen ist im Grunde genommen die Feststellung, dass in einigen Fällen zwar die Wahrheit hinter der Sage entdeckt wurde, man andererseits aber nie beweisen kann, dass etwas tatsächlich nicht passiert ist. Ein Blick auf die obige Geschichte mit dem Onkel macht dies sehr gut deutlich: Es ist einfach nicht möglich, allen Spuren nachzugehen, wenn einem als Ansatzpunkt lediglich die spärlichen Informationen vorliegen, das Gehörte sei irgendjemandes Onkel passiert, der eines Nachts allein im

Auto unterwegs war und schon einmal in einer Kneipe ein paar Bier getrunken hat. Zudem sind ja nicht einmal diese Informationen gesichert. Vielleicht verändert ein Erzähler die Geschichte dahin, dass seine Tante das Auto lenkt, ein Cousin oder ein Freund.

Wichtig für eine moderne Sage ist, dass sie für wahr gehalten wird, und nicht, dass sie auch tatsächlich wahr ist. Ist eine Erzählung hingegen wirklich und nachweisbar wahr, so handelt es sich bei dieser schlichtweg um eine wahre Geschichte – nicht um eine moderne Sage. Hat sich die Geschichte jedoch durch die mündliche Verbreitung schon verselbständigt und wird sie bereits einer ganzen Reihe von Personen zugeschrieben, ist sie zu beidem geworden: In dem einen Fall Wahrheit, in den anderem eine moderne Sage.

Dass ein beschriebenes Ereignis oft ungewöhnlicher, unwahrscheinlicher oder gar übernatürlicher Natur ist, erklärt sich von selbst. Der Bericht, wie ein Bekannter meines Bruders rechtzeitig aufgestanden ist, erfolgreich geduscht und sich die Zähne geputzt hat, um dann einen ganz normalen Arbeitstag zu durchleben, mag für eine von Sorgen geplagte Mutter etwas Beruhigendes haben, die meisten Zuhörer aber langweilen sich dabei.

Ist ihm jedoch aus dem Abfluss der Dusche ein Frosch entgegengekrochen, hat er nach zwei Stunden im Büro festgestellt, dass Sonntag ist, und außer ihm niemand anwesend, oder hat er auf dem Weg zur Arbeit einen Anhalter mitgenommen, der seine Plastiktüte voll Geldscheine auf der Rückbank liegen gelassen hat, dann ist der Tag es wert, erzählt zu werden. Und selbst Menschen, die diesen Mann nicht kennen, interessieren sich dann für diese Geschichte.

Und dabei sind dies verhältnismäßig harmlose Beispiele. Andere Geschichten sind um vieles unwahrscheinlicher und hebeln teils bestehende Naturgesetze aus den Angeln.

Und dennoch werden sie immer wieder erzählt und wahrgenommen, als seien sie tatsächlich geschehen.

Und damit sind wir bei den Personen der modernen Sage angekommen, die in den meisten Fällen nicht namentlich genannt werden, aber die durch eine Kette von Beziehungen in Verbindung zum Erzähler gebracht werden:

»Ein Bekannter meines Bruders«, »die Tochter meines Nachbarn hat eine Kollegin«, »die Schwester des Mannes, mit dem ich mir damals ein Krankenhausbett teilen musste«, all dies sind typische Beispiele für eine Figur der modernen Sage.

Diese Umschreibung verleiht ihnen trotz ihrer Anonymität eine große Glaubwürdigkeit, denn schließlich ist die Geschichte nicht irgendjemandem, sondern einer bestimmten Person passiert – und da diese (oder dessen Verwandter oder Bekannter) wiederum dem Erzähler bekannt sind, wird diese Glaubwürdigkeit noch bekräftigt.

Gleichzeitig stehen die Protagonisten der modernen Sagen, da sie meist auch nicht näher charakterisiert werden, zugleich exemplarisch für eine Gruppe von Personen, wie etwa junge Mütter, Autobesitzer, besonders große Menschen usw. Innerhalb der Sage interessiert vorwiegend dieses eine Charakteristikum der Person. Und dies wiederum impliziert: Was ihr geschehen ist, kann jeder jungen Mutter zustoßen, und ebenso jedem Autobesitzer, jedem Hünen usw.

Die moderne Sage beschäftigt sich im Wesentlichen mit einem Ereignis. Die spezielle Person kennt der Zuhörer nicht, und sie wird ihm auch nicht in ihrer Individualität näher gebracht. Sie hat keinen Namen, es existieren keinerlei detaillierte Beschreibungen von Wesen und Äußerem der betreffenden Person. Und so ist der Titel der Sage *Der Mann ohne Gesicht*, der der vorliegenden Sammlung ihren Namen gab, zugleich Programm der modernen Sage an sich.

Ausnahme hiervon sind die vielen angeblich wahren

Geschichten, die über Prominente in Umlauf sind, und die manchmal auch zu den modernen Sagen gezählt werden, auch wenn sie streng genommen nicht dazu gehören. Im vorliegenden Buch finden solche Erzählungen allerdings keine Berücksichtigung. Abgesehen von der Geschichte *Loch im Kopf* im Kapitel *Drogen,* die zwar keinem Prominenten, aber doch einem bestimmten Menschen namentlich zugeschrieben wird. Ansonsten geht es hier um die Männer und Frauen ohne Gesicht.

Die Anonymität der Personen verhindert nicht die Glaubwürdigkeit der Sage. Auch bei wahren Begebenheiten verschweigt der Erzählende manchmal den Namen der Personen, selbst wenn er ihn kennt. Denn gerade wenn man die fröhliche Anekdote zum Besten gibt, wie ein Kollege seine Frau oder das Finanzamt betrogen hat, ist es manchmal besser, seine Anonymität zu wahren. Er hat es einem schließlich im Vertrauen gesagt, und man wünscht ihm ja auch keinen Ärger. Allein, die Geschichte ist zu gut, um sie nicht weiter zu erzählen.

Und mit dieser schützenden Anonymität geht der Reiz einher, die Ereignisse ein wenig auszuschmücken. Denn jetzt wird der Betroffene ja nicht genannt, und da tut eine kleinere Flunkerei auch niemandem weh. Und schon hat sich eine weitere Geschichte auf den Weg gemacht, um vielleicht zu einer modernen Wandersage zu werden. Das ist beinahe wie mit dem Anglerlatein, wenn eine Forelle fast die Größe eines weißen Hais erreicht. Nur sind die Sagen eben nicht auf den Vergleich der Fischgrößen beschränkt.

Das Interessante an den Sagen ist aber auch, dass sie eben nicht von einer einzigen Quelle ausgehen müssen. Einige von ihnen haben sich parallel in mehreren Ländern entwickelt, ohne dass klar ist, wie sie von einem Ort zum anderen gelangt sind. Welche Sage wann, wo und wie auftaucht, muss jedoch an anderer Stelle anhand des einzelnen Beispiels untersucht werden und kann hier nicht allgemein zusammengefasst werden.

Inhaltlich folgen die Sagen meist noch einer weiteren Regel. Das geschilderte Ereignis ist nicht nur ungewöhnlich, unwahrscheinlich oder übernatürlich, sondern zudem meist negativ für die betroffene Person.

Ein großer Lottogewinn ist unwahrscheinlich, aber in einer modernen Sage muss schon der Schein mit dem Sechser verloren gehen. Es gibt Ausnahmen, wie die Geschichte von den 2 Millionen Dollar Trinkgeld, aber in den meisten Fällen stecken in den Sagen Ängste oder Rachefantasien.

Das Unbekannte wird auf mannigfache Weise zur Bedrohung, und wer sich nicht den Normen entsprechend verhält, wird bestraft. Wer anderen Schaden zufügt, wird oft gerächt, selten von den Opfern, meist durch einen dummen Zufall – oder einen zufällig in der Gegend herumlaufenden Psychopathen. Gerade solche Psychopathen sind immer wieder eine beliebte Bedrohung in modernen Sagen, Menschen, die den Stempel »unberechenbar« aufgedrückt bekommen haben, und entsprechend ziemlich alles tun, was man sich ausdenken kann, ohne dass Psychologie oder Realität sonderlich gewissenhaft zurate gezogen werden müssten.

Natürlich sind die modernen Sagen insgesamt zu vielfältig, um ihre Inhalte so einfach auf Ängste und Rachegedanken zu reduzieren – abgesehen davon sind die menschlichen Ängste sehr vielgestaltig.

Ähnlich wie die Horrorliteratur, dient die moderne Sage auch zum verbalen oder gedanklichen Tabubruch. Diejenigen, die das Tabu brechen, werden hier wie da zwar meist gestraft, doch ändert das nichts an der Faszination der Erzähler und Zuhörer, sich mit dem Tabubruch zu beschäftigen. Moderne Sagen sind selten politisch korrekt, und das ist wohl eines ihrer Erfolgsgeheimnisse. In allererster Linie wollen sie unterhalten, mit einem bösen Lachen, mit

Schadenfreude oder einfach damit, den Zuhörer mit einer gelungenen Pointe zu überraschen. Wie in obiger Anekdote von meinem Onkel sind es einfach »coole Geschichten«, mit denen man ein wenig auf den Busch klopfen kann und sich die Aufmerksamkeit einer geselligen Runde ergattert.

Und die Sagen haben ihren Siegeszug angetreten – nicht nur mündlich, in Zeitungen, Büchern oder dem Internet, sondern auch als Ideengeber für Literatur, Songtexte und Film. So wurde die in vorliegendem Buch enthaltene Sage *Kaktuskiller* von der texanischen Band Austin Lounge Lizards im Song *Saguaro* auf dem 1999er Album *Creatures From the Black Saloon* verarbeitet. Und gerade in Hollywood sind moderne Sagen äußerst beliebt, und ihre filmische Verarbeitung ist so unterschiedlich wie diese selbst.

In *Grüne Tomaten* wird beispielsweise die moderne Sage von einer jungen Frau, die in ihrem kleinen Wagen einer älteren in dicker Limousine den Parkplatz wegschnappt und dann von dieser einfach zur Seite geschoben wird, in die Handlung integriert.

Urban Legends – Düstere Legenden geht da noch einen Schritt weiter. Das Drehbuch ist mehr oder weniger nur aus einer Reihe moderner Sagen zusammengestückelt, aus all den düsteren amerikanischen Campus-Geschichten über Psychopathen und ein paar andere. Eigentlich ein eher mittelmäßiger Slasher-Film, bereitet er unter diesem Gesichtspunkt betrachtet doch ein gewisses Vergnügen.

Good Will Hunting dagegen nimmt sich eine Sage, in der eine komplizierte Mathematikaufgabe von keinem Studenten gelöst werden kann, aber von der Putzkraft, die in der Nacht das College säubert, zum Kern, und baut darauf den ganzen Film auf. Zudem gibt es in dem Film eine Szene, in der vier Jugendliche zusammensitzen, und einer erzählt die moderne Sage von einem völlig Betrunkenen, der in eine Kontrolle geriet und dann versehentlich mit dem Polizeiauto nach Hause fährt. Eine Szene, wie moderne Sagen auch in der Wirklichkeit weitergegeben werden.

In dem überraschend erfolgreichen Underground-Horrorfilm *The Blair Witch Project* läuft die Sache wiederum ganz anders. Der Film ist wie eine Dokumentation aufgemacht, alles mit wackelnder Handkamera gefilmt. Drei Jugendliche sind einer angeblich kursierenden Sage um eine Hexe auf der Spur und begeben sich dafür tief in einen weitgehend unberührten Wald. Dort werden sie mit unheimlichen Ereignissen konfrontiert, bis sie schließlich auf eine Hütte stoßen. Es ist keine besonders originelle Geschichte, doch durch die Form der scheinbaren Dokumentation und der in dieser Richtung geschickt aufgebauten Werbekampagne im Internet, haben ein paar Zuschauer den Film für bare Münze genommen und die Geschehnisse auch so behandelt und weitererzählt. Und damit wurde die Hexe von Blair sozusagen zu einer Art moderner Sage.

Dem in gewissem Sinn vergleichbar ist eine moderne Sage um den Film *Fargo* der Coen Brüder:

Im Internet kursierte die Geschichte von einer 28-jährigen Japanerin, die im November 2001 in die USA gekommen war, um einen Schatz in North Dakota zu heben. Vergrabene Schätze haben schon immer die Fantasie vieler Menschen angestachelt, und eine ganze Reihe mehr oder weniger professioneller Schatzsucher bevölkern unseren Planeten.

Den Schatz, hinter dem die junge Frau mithilfe einer grob skizzierten Karte her war, hatte angeblich ein gewisser Carl Showalter vergraben. Carl Showalter jedoch hat nie gelebt. Er ist eine Figur aus dem Film *Fargo,* also reine Fiktion. Dennoch haben Joel und Ethan Coen sich den Spaß erlaubt zu behaupten, es sei eine absolut wahre Geschichte, die sich 1987 tatsächlich so zugetragen habe.

Die Frau ließ sich von den Versicherungen der örtlichen Polizei, *Fargo* sei Fiktion, nicht überzeugen, und machte sich auf die Suche. Ein paar Tage später wurde sie tot aufgefunden, wahrscheinlich hatte sie Selbstmord begangen. Den Grund dafür fand man nie heraus.

Zugegeben, die Geschichte selbst ist etwas unbefriedigend, gerade der abrupte Schluss. Der auch untypisch ist für eine moderne Sage – denn eine solche weist im Normalfall eine in sich schlüssige Pointe auf. Aber wie in wenigen anderen Geschichten verwirren sich hier Wahrheit, Lüge, Fiktion und Sage.

Durch ihre Verwendung in Film und Literatur und vor allem durch diverse Bücher und Aufsätze, hat sich die Sage ein wenig von ihrer ursprünglichen Position entfernt. Als ich mit Freunden, Bekannten und anderen Menschen über dieses Buch geredet habe, hat sich gezeigt, dass manchen diese modernen Sagen geläufig waren. Die meisten dieser Menschen boten sofort an, mir eine solche oder auch zwei oder drei zu erzählen. Und sie erzählten mir diese Geschichten, an deren Wahrheit sie aber selbst nicht glaubten; und sie schrieben die Geschichten auch keinem Bekannten eines Freundes zu. Die Sagen werden also zum Teil als Sagen weitererzählt und nicht als tatsächlich Geschehenes. Doch daneben wurden mir noch genug »wirklich wahre« Geschichten erzählt, meist sogar im selben Gespräch (»aber die hier ist wirklich dem Bruder eines Freundes passiert ...«), die ich mit Freuden in diese Sammlung aufgenommen habe.

Im Allgemeinen habe ich mich bei der Auswahl der Geschichten am Inhalt, nicht an ihrem Bekanntheitsgrad orientiert. Ich wollte Geschichten mit Tabubrüchen sammeln, Geschichten vom Tod, von Übernatürlichem, von Drogen, von Sex und Verbrechen. Oder Sagen, die einem ein schwarzhumoriges Grinsen entlocken, während man gleichzeitig hofft, dass sie tatsächlich nicht wahr sind. Geschichten, die man sich als Teenager am Lagerfeuer in der Kiesgrube erzählt – einfach solche, die mich auf diese Weise am meisten unterhalten haben, während ich sie gehört – oder die über das Internet erhaltenen Fassungen gelesen – habe.

Entsprechend habe ich mich auch nicht regional oder national beschränkt. Die meisten enthaltenen Sagen stammen aus Deutschland oder Amerika, dem Land der »unbegrenzten Möglichkeiten«. Auch wenn dieser Mythos längst verblasst ist, in einer anderen Hinsicht gilt er noch: Die weite Natur, Psychopathen (Sie erinnern sich, die heimlichen Helden der modernen Sage ...), Waffenwahn, überhaupt Extreme, das alles wird mit den USA verbunden. Und so erscheint doch vieles dort als wahrscheinlich, was hier in Deutschland nur mit einem müden Lächeln abgetan werden würde. Kurz gesagt: Genug Europäer trauen den Amerikanern einfach alles zu.

Und in diesem Sinne sollte vielleicht noch Folgendes gesagt werden, um mögliche Missverständnisse zu vermeiden: Einige der modernen Sagen bestärken, gerade durch ihre nicht individuell ausgeprägten Figuren, immer wieder auch Vorurteile gegenüber bestimmten Personengruppen oder Nationalitäten. Es ist nicht Intention des Buches, solche Vorurteile zu nähren oder jemanden mit dem Inhalt zu beleidigen.

Eingeteilt habe ich die Sagen in vierzehn nach Thematik unterschiedene Kapitel, wobei manchmal natürlich eine Einordnung in verschiedenen Kategorien möglich gewesen wäre. Wichtig war mir dabei vor allem, dass die Einordnung nicht schon die Pointe verrät und somit das Lesevergnügen schmälert. Dann lieber eine falsche Fährte legen ...

Denn wie eingangs erwähnt, diese Sagen sollen in erster Linie unterhalten und überraschen, genau das, was sie Zeit ihres Lebens in der mündlichen Tradition getan haben.

Boris Koch, im Juli 2003

KAPITEL 1

ON THE ROAD

›Des Deutschen liebstes Kind‹ wird das Auto oft genannt. Doch was mit ihm bei uns und in anderen Ländern in der modernen Sage angestellt wird, kann keine Liebe sein: Es wird zu Schrott gefahren, zerkratzt oder gar mit Beton aufgefüllt. Doch meist ist es schlichtweg ein Transportmittel; und unterwegs zu sein bedeutet, das sichere Zuhause verlassen zu haben. Auch, wenn andere Sagen nahe legen, dass es daheim keineswegs sicher ist, in diesem Kapitel lauert die Angst vor Unfällen, Anhaltern und Autodieben. Doch nicht nur auf den Autofahrer, auch auf die Motorrad- und Zugfahrer warten Überraschungen der unerwünschten Art.

ALLEINE UNTERWEGS

Vor ein paar Jahren war eine junge Frau nachts alleine im Auto unterwegs. Das Wetter war nass und kalt, die Landstraße verlassen und ihr Tank fast leer. Doch sie hatte Glück: Bevor das Benzin wirklich knapp wurde, tauchte am Straßenrand eine Tankstelle auf, und erleichtert lenkte sie den Wagen an die passende Zapfsäule. Ein tropfendes Schild verkündete: »Wir zapfen gern für Sie!«

Laut prasselten die dicken Tropfen auf Karosserie und Scheiben, und mit einem Blick auf ihre dünne Kleidung drückte sie auf ihre Hupe, um den Tankwart auf sich aufmerksam zu machen. Griesgrämig kam er heraus, das unrasierte Gesicht im scharfen Wind verkniffen zwischen die Schultern gezogen. Er grüßte nicht, vermutlich aus Ärger, dass sie ihn bei diesem Sauwetter ins Freie holte. Langsam umrundete er ihren Wagen, dann sah sie ihn durch die Rückscheibe stieren, ehe er zur Zapfsäule ging und fortan, betont desinteressiert, auf die rotierende Anzeige der Benzinmenge starrte. Im Außenspiegel beobachtete sie, wie er unruhig mit einem Fuß auf den Boden tappte. Endlich war der Tank voll.

Sie öffnete ihr Fenster nur einen Spalt breit, um ihm die Kreditkarte herauszureichen. Nur nicht die Kälte ins warme Auto lassen, dachte sie, doch als sich sein Gesicht der Scheibe näherte und er sie unruhig fixierte, hätte sie die Karte beinahe fallen gelassen. Der Tankwart stierte sie zwei, drei Sekunden an. Er schien etwas sagen zu wollen, besann sich dann aber eines Besseren und stapfte zurück in das Kassenhaus. Der Mann war ihr unheimlich.

Kurz darauf kam er wieder heraus. Es gebe Probleme mit der Kreditkarte, erklärte er ihr durch den erneut geöffneten Fensterspalt. Eine Vertreterin der Gesellschaft wolle sie gerne am Telefon sprechen. Zögernd und misstrauisch stieg sie aus. Alles in ihr sträubte sich dagegen, aber was hätte sie tun sollen? Sie hatte getankt, und nun musste sie auch bezahlen. Nur weil ihre Nerven verrückt spielten, war das noch lange kein Grund, die Zeche zu prellen. Sie hätte einem Polizisten wohl schlecht erklären können, dass »ein seltsames Gefühl« sie dazu veranlasst hatte, mit quietschenden Reifen davonzujagen. Immerhin war er Gentleman genug, ihr die Türe aufzuhalten. Das Telefon stand auf der Ladentheke, der Hörer lag daneben. Unwirsch griff sie danach – und hörte nichts als das Freizeichen. Sofort drehte sie sich zum Tankwart um, der sich in diesem Moment an der Eingangstür zu schaffen machte – und sie verschloss.

Sie reagierte blitzschnell. Bevor er etwas tun oder sagen konnte, nahm sie all ihre Kraft zusammen, schleuderte das Telefon gegen eine Fensterscheibe des Kassenhäuschens und sprang durch das zerborstene Glas ins Freie. Ohne sich noch einmal umzudrehen, spurtete sie zu ihrem Wagen, schwang sich auf den Fahrersitz und startete durch. Der Tankwart jagte hinter ihr her, doch er hatte keine Chance, sie zu erreichen. Er schrie etwas, immer und immer wieder, doch durch die geschlossenen Scheiben drang nichts ins Innere des Wagens. Mit rasendem Puls beschleunigte sie in die Nacht hinaus.

Der Tankwart hatte zu rennen aufgehört. Er rief nicht mehr, er flüsterte nur noch: »Auf Ihrem Rücksitz … ist ein … Mann …« Seine Stimme erstarb. Mit aufgerissenen Augen starrte er in die Dunkelheit. Er sah nicht, wie sich die Gestalt mit der Axt auf dem Rücksitz hinter der jungen Frau erhob, sah nur, wie das Auto in der Ferne ins Schlingern geriet und schließlich von der Straße abkam.

AUTOENTFÜHRUNG IN JOHANNESBURG

Seit Mitte der 90er Jahre des 20. Jahrhunderts häufen sich im südafrikanischen Johannesburg die Probleme mit Autoentführungen. Besitzer und Autoindustrie versuchten mit immer neuen Tricks, die Wagen sicherer zu gestalten. Spezielle Sicherheitsschlösser oder Code-geschützte Zugänge aber schreckten die Diebe nicht ab. Autos wurden nun nicht mehr geknackt, stattdessen wurden die Besitzer überfallen. Mit dem dergestalt geraubten Schlüssel ließ sich das Auto nun wiederum problemlos öffnen, mit den unter Androhung von Gewalt erpressten Sicherheitscodes des gleichen. So wandelten sich gewöhnliche Autodiebstähle Schritt für Schritt zu Raubüberfällen, die nicht selten den Tod des Besitzers zur Folge hatten. Ein regelrechtes Hochrüsten entbrannte, und manche Autobesitzer gingen so weit, sich nun ihrerseits tödliche Waffen in ihre Fahrzeuge einbauen zu lassen.

Diese Umstände im Kopf lenkte eine wohlhabende Frau ihren neuen allradbetriebenen Geländewagen – ohne Raketenwerfer oder vergleichbare Bewaffnung – eine kaum befahrene Landstraße vor Johannesburg entlang. Als sie sich einer engen Kurve näherte, war sie gezwungen, die Geschwindigkeit zu drosseln. Zum Glück – denn eben dort lag mitten auf der Fahrbahn eine reglose menschliche Gestalt. Im ersten Moment wollte sie anhalten, um zu helfen. Doch dann erinnerte sie sich an die Ratschläge eines Freundes. »Vermeintlich Verletzte in einer Kurve«, hatte er gesagt, »sind einer der häufigsten Tricks der Autoentführer. Sie spekulieren auf dein Mitleid. Halte auf keinen Fall an – erst recht nicht, wenn du allein bist.«

Und sie war allein. Um jeden möglichen Hinterhalt zu vermeiden, verließ sie die Straße und holperte einige Meter quer durch das tiefe Gras, bis sie die Kurve mit der verdächtigen leblosen Gestalt hinter sich gelassen hatte. Dann kehrte sie auf den Asphalt zurück und beschleunigte über das erlaubte Maß hinaus. Nichts geschah. Was, wenn es sich tatsächlich um einen Toten gehandelt hatte? Oder gar um einen Verletzten, dem sie hätte helfen können?

Bei der nächsten Polizeidienststelle hielt sie an und erzählte von ihrer Begegnung. Man versprach, sich um den Vorfall zu kümmern und notierte ihre Adresse und Telefonnummer. Beruhigt stieg sie in ihr Auto und fuhr weiter.

Und tatsächlich, noch am selben Abend erhielt sie einen Anruf. Als die Gesetzeshüter die besagte Kurve aufgesucht hatten, war keine Spur von einer liegenden Gestalt zu sehen gewesen. Doch im tiefen Gras neben der Straße, direkt dort, wo ihre breiten Reifen eine deutliche Spur hinterlassen hatten, fanden sie drei maskierte Männer. Tot. Sie waren von ihr zufällig überfahren worden.

Eine Anzeige gab es nicht. Aller Wahrscheinlichkeit nach hatten die drei ihr am Straßenrand auflauern wollen. Nur ihr Komplize, der Lockvogel auf der Straße, war entkommen.

DER FREUNDLICHE LKW-FAHRER

Zwei Studenten waren im Urlaub mehrere Wochen mit dem Rucksack unterwegs. Manchmal fuhren sie mit dem Zug oder Bus, doch den größten Teil der Strecke legten sie per Anhalter zurück. Sie waren in Berlin gestartet, über Warschau immer weiter nach Osten gelangt, hatten Moskau schon hinter sich gelassen und standen nun mit erhobenem Daumen in den Ausläufern des Uralgebirges. Die Straße war kaum befahren, doch schließlich hielt ein großer LKW. Der Fahrer fragte sie nach ihrem Ziel, und als sie ihr Ziel nannten, lachte er, das sei praktisch, da müsse er auch hin.

Während der Fahrt redete er wie ein Wasserfall auf sie ein; er erzählte von seiner Frau und seiner Jugend. Einer der beiden Studenten sprach leidlich Russisch. Er verstand jedes zweite Wort, trotz der nuschelnden Aussprache des Fahrers, nickte amüsiert und übersetzte die ein oder andere Anekdote seinem Kommilitonen. Einige Geschichten und Kilometer später zog der Fahrer einen halb vollen Wodka unter dem Sitz hervor, nahm einen kräftigen Schluck und reichte die Flasche weiter. Höflich und dankend griffen sie danach, wenngleich es ihnen nicht behagte, dass auch er trank.

»Naja«, flüsterte der eine Student dem anderen zu, »Wodka gehört in Russland doch zu den Grundnahrungsmitteln. Er wird schon wissen, was er tut.«

Wiederum einige Kilometer weiter gönnte der Fahrer sich einen weiteren Schluck. Und dann noch einen.

»Was jetzt?«, fragte der eine. Der andere zuckte mit den Schultern; sie wussten, weit und breit gab es hier keine Siedlung, und wann das nächste Auto kommen und anhalten würde, war äußerst ungewiss. Vor ihnen lagen noch Hunderte von Kilometern. Also blieben sie sitzen, während der ächzende LKW sich einen kleinen Bergkamm hinaufmühte.

Oben angekommen, brach der Fahrer eine neue Wodkaflasche an, und wieder prostete er ihnen fröhlich zu. Nach einem zweiten kräftigen Zug aus der Pulle ging es den Bergkamm wieder hinab – in schmalen, unübersichtlichen Serpentinen. Den Studenten wurde immer mulmiger zumute. Allein, dass der Fahrer noch nicht lallte, ließ sie hoffen. Er hatte jedoch seine eigenen Vorstellungen davon, wie man einen Laster bergab zu lenken hätte. Erneut griff er unter den Sitz, und dieses Mal förderte er einen Backstein zutage. Diesen legte er auf die Kupplung und ließ den LKW rollen. Das spare Benzin, meinte er lapidar. Dann zwinkerte er ihnen zu und lümmelte sich zufrieden in seinen Sitz, legte die Füße auf das Armaturenbrett und hängte den Ellbogen in die Schnur neben dem Fahrerfenster, die zur Bedienung der Hupe diente.

Immer schneller wurden sie, immer halsbrecherischer die Fahrt, immer lauter dröhnte das Hupen in ihren Ohren. Der Russe hielt ihnen erneut die Wodkaflasche hin, doch sie lehnten ab. Da zuckte er mit den Schultern und nahm selbst einen tiefen Schluck, während die kurvige Straße immer schneller an ihnen vorüberzog. Zweimal wären sie fast umgekippt, einmal musste ihnen ein entgegenkommender PKW ausweichen, indem er die Straße verließ. Doch sie erreichten heil und unversehrt den Fuß des Berges.

Das war jedoch zu viel gewesen. Die Studenten beharrten nun darauf, dass sie ihre Pläne geändert hätten, die Gegend hier gefalle ihnen gut, sie würden gerne sofort aussteigen und ein wenig wandern. Der Fahrer bedauerte das, stieß noch einmal mit ihnen an und hupte zum Abschied.

Sie setzten sich ins Gras und atmeten tief durch. Dann lachten sie und schüttelten die Köpfe.

»Unglaublich«, sagte der eine, und »Andere Länder, andere Sitten«, der andere. Dann stellten sie sich erneut an den Straßenrand und hoben die Daumen. Es dauerte zwei Stunden, bis das nächste Auto kam, doch der PKW hielt an und sein Fahrer nahm sie freundlich auf. Und in ein freundliches Gespräch vertieft, strebten sie ihrem Ziel entgegen.

Hinter der nächsten Bergkette sahen sie dann den LKW am Straßenrand. Er war umgestürzt, der Fahrer lag reglos im Führerhaus, über und über mit verkrustetem Blut bedeckt. Der Backstein hatte ihm den Schädel eingeschlagen.

LEBENSRETTER AIRBAG

An einem nebligen Abend im Herbst war ein Mann allein im Auto unterwegs. Die Sonne war längst untergegangen, und er lenkte seinen Wagen eine einsame kurvenreiche Straße durch einen Wald. Ob er zu schnell gefahren war, konnte man im Nachhinein nicht mehr beurteilen, oder ob es nur an der schlechten Sicht gelegen hat, ob er jemandem ausgewichen war, oder ob feuchtes Laub die Straße glatt hatte werden lassen. Sicher ist, dass der Wagen ins Schleudern geraten war und gegen einen Baum geprallt. Der Mann wurde erst am nächsten Morgen gefunden. Er war tot.

Dem Schaden an der Kühlerhaube nach zu urteilen, war der Aufprall nicht allzu stark gewesen. Überdies war der Airbag ausgelöst worden, der den Stoß noch weiter abgemildert und schon bei schlimmeren Unfällen Autofahrern das Leben gerettet hatte. Zunächst vermuteten die Mediziner eine Überdosis Drogen oder einen Herzinfarkt, doch die Obduktion des Toten sagte etwas anderes: Die Todesursache lautete Ersticken. Was die Pathologen in der Luftröhre des Mannes fanden, war – ein Lutscher! Der Mann musste diesen beim Fahren im Mund gehabt haben. Als aber der Airbag sich beim Aufprall zu seinem Schutz aufgebläht hatte, hatte er ihm den Lutscher tief in den Rachen gedrückt, die Luftröhre hinab – wo der Mann ihn nicht mehr herausbekommen hatte.

DIE ZWEI ANHALTER

Ein Vertreter musste wieder einmal eine weite Strecke mit dem Auto zurücklegen. Das Radio brachte immer dieselben Songs, seine CDs kannte er längst auswendig, und so langweilte er sich. Da kam ihm der junge Mann mit dem erhobenen Daumen am Straßenrand gerade recht. Doch kaum hatte er den Fremden einsteigen lassen, bereute er seinen Entschluss. Der Mann war kräftig, seine Augen kalt, die grobe Kleidung abgetragen. Und die nüchternen Fragen des Anhalters drehten sich zielstrebig um den Beruf des Fahrers, Vermögensstand und aktuelle Geschäftslage – fast so, als wolle dieser aushorchen, was bei ihm zu holen sei.

Die Minuten vergingen, und das Gespräch versiegte. Der Vertreter legte eine CD mit beruhigender Musik ein. Schließlich sah er am Straßenrand einen weiteren Anhalter stehen. Er drosselte das Tempo und setzte den Blinker. Es schien ihm das Sicherste, mit seinem ersten Mitfahrer nicht allein zu bleiben, falls dieser tatsächlich etwas plante. Und der Mann am Straßenrand hinterließ einen guten Eindruck: sportliches Sakko, ordentliche Stoffhosen, ein gepflegter Haarschnitt und ein freundliches Gesicht.

Mit einem dankbaren Lächeln zwängte der Neue sich auf die Rückbank. Dann zog er mit einer geübten Bewegung eine Pistole. »Keine Bewegung«, zischte er. »Und her mit Geld, Uhren, Schmuck!«

Der Fahrer erstarrte, doch der Mann auf dem Beifahrersitz reagierte blitzschnell. Mit seinem Ellbogen schlug er den Bewaffneten, der wohl keinen Widerstand erwartet hatte, bewusstlos. Bevor der Vertreter die Situation richtig erfasst hatte, hatte sein Beifahrer bereits die Wertgegenstände des Bewusstlosen an sich genommen, ebenso die Pistole, und den Sakkoträger aus dem Wagen gestoßen. Langsam wandte er sich nun ihm zu, die Waffe noch immer in der Hand. Mit zitternder Stimme bat der Vertreter um Gnade und fischte langsam, um den anderen nur nicht zu einer übereilten Handlung herauszufordern, nach seiner Brieftasche.

»Ich tue alles, was Sie wollen«, flüsterte er. »Nur ... bitte – ich will nicht sterben«

Der kräftige Anhalter sah ihn an, ohne die Miene zu verziehen. Dann grinste er freundlich und steckte die Pistole in seine Jackentasche.

»Ruhig Blut, Kumpel«, sagte er. »Ich raub dich nicht aus. Heute ist mein freier Tag.«

ERSTE HILFE

Eines Nachts, als es wie aus Kübeln schüttete, sah ein Motorradfahrer einen jungen Anhalter am Straßenrand stehen. Die Chance, dass in der nächsten halben Stunde überhaupt ein Auto hier vorbeikommen würde, war sehr gering, und ob es anhalten würde, stand sowieso auf einem anderen Blatt.

Er bot dem jungen Mann also an, ihn in die nächste Stadt mitzunehmen, einen zweiten Helm hatte er dabei, jedoch keine weitere Motorradkleidung.

Der junge Mann erwiderte, das mache nichts, er werde seine Jacke verkehrt herum anziehen; der Reißverschluss sei kaputt und gehe nur zu zwei Dritteln zu, aber so würde sie gegen den Fahrtwind schon helfen. Und das sei allemal besser als hier zu versauern, und im Extremfall die ganze Nacht in dieser von Gott verdammten Einöde verbringen zu müssen. Und so fuhren sie los.

Gespräche waren bei dem Wetter nicht möglich, der Fahrer benötigte alle Konzentration für die unübersichtliche Straße. Als er schließlich nach einer halben Stunde in der nächstgrößeren Stadt anlangte, wo der junge Mann ein Zimmer für die Nacht finden konnte, hielt er an und drehte sich um.

Doch niemand saß hinter ihm. Der junge Mann musste heruntergefallen sein.

Besorgt machte er kehrt, um nach ihm zu suchen, und nach wenigen Kilometern bemerkte er ein Auto am Straßenrand, daneben standen drei Männer ratlos im Kreis. Er bremste ab und erkannte zwischen ihnen auf der Fahrbahn den jungen Mann liegen. Reglos.

»Ist er schwer verletzt?«, rief er, während er von seinem Motorrad sprang.

Die Leute nickten, und ein Mann erklärte ihm, sie hätten

den jungen Mann plötzlich auf der Straße liegen sehen, er habe gestöhnt und sich den Kopf gehalten.

»Es war schrecklich. Der Kopf um 180 Grad auf den Rücken gedreht. Wir haben sofort zugepackt, und ihn so schnell wie möglich wieder nach vorne gedreht, doch seitdem hat er keinen Laut mehr von sich gegeben. Ich fürchte, der Mann ist tot.«

DIE MUTPROBE

Drei junge Männer waren eines Nachts spät mit den Motorrädern unterwegs. Außer ihnen schien niemand draußen zu sein; die Straßen gehörten ihnen. Sie waren jung, kings of the road, und hatten ein wenig getrunken und viel gefeiert. Mal gaben sie Gas, dann fuhren sie in Schlangenlinien oder sangen lauthals in den Wind, während die Straße unter ihnen dahin zog. Das Leben war perfekt.

Nun kam einem der drei eine ungewöhnliche Mutprobe in den Sinn. Er hatte sie in einem Film gesehen und seitdem schon immer einmal ausprobieren wollen. Heute war seine Nacht, er würde es wagen. Die rechte Hand drehte den Gashebel, und das Motorrad schoss davon. Als er außer Sichtweite war, drosselte er das Tempo und wendete mit quietschenden Reifen fünfhundert Meter hinter einer bewaldeten Kurve. Er hielt an, löschte den Scheinwerfer und wartete auf das Näherkommen seiner Freunde. Wenn sie die Kurve durchfahren hatten, würde er Gas geben und ihnen entgegenjagen, zwischen ihnen hindurchpreschen, dann erneut wenden und zu ihnen aufschließen. Im ersten Moment wären sie überrascht, aber sie zuckelten gemütlich dahin und waren gute Fahrer, sie würden richtig reagieren.

Als er die beiden Scheinwerfer auftauchen sah, gab er Gas und einen lang gezogenen Freudenschrei von sich. Adrenalin pur. Immer näher kamen die Lichter, und dann machte er seines wieder an und beschleunigte noch weiter, hielt mitten auf die zwei Lichter zu, doch die wichen nicht einen Zentimeter auseinander. Denn es waren nicht seine Freunde, sondern ein Sattelschlepper, der die beiden inzwischen überholt hatte. Und so raste der junge Mann mit weit über hundert Sachen in den Kühlergrill eines LKW, dessen überraschter Fahrer keine Chance hatte, auszuweichen.

SCHÖNE AUSSICHT
MIT FRISCHLUFT IM ABTEIL

Sie werden seltener, doch es gibt sie noch immer, jene alten Wagen der Bahn, in denen sich die oberen Teile der Fenster nach unten schieben lassen. Unzählige Abschiedsworte wurden durch sie gewechselt, unzählige Reisende beschwerten sich bereits über die Zugluft im Abteil, während andere glücklich waren, von der künstlich gefilterten, trockenen Luft moderner Klimaanlagen verschont geblieben zu sein.

Zudem geht von diesen geöffneten Schiebefenstern eine ganz besondere Faszination aus: den Kopf hinauszustecken in den vorbeibrausenden Fahrtwind, oder die Hand hinauszuhalten, sie flach auf dem Wind segeln zu lassen wie ein Vogel. Gerade Kinder und Jugendliche können oft nicht genug davon bekommen. Doch meist wird ihre Freude von der mahnenden Stimme der Eltern unterbrochen. Was, wenn auf dem Nebengleis ein Zug entgegen käme? Er könnte sie verletzten oder – schlimmer noch – ihnen gleich den Kopf von den Schultern reißen. Daher bleibt das Fenster besser zu und das Kind auf dem Platz.

So warnten auch Eltern ihren Sohn auf einer Bahnfahrt von Hamburg nach Berlin, doch er lachte nur: der Abstand zum Nachbargleis sei so groß, es könne gar nichts passieren. Selbst wenn in dem entgegenkommenden Zug jemand seinen Kopf heraus stecken würde – der Abstand sei sicher zu groß. Schließlich, so stellte er mit einem breiten Grinsen fest, trage er keinen zwei Meter großen Kopf auf den Schultern.

Der Vater verlangte jedoch Gehorsam. Zornig wollte er seinen Sohn zurück ins Innere des Abteils ziehen, doch dieser wich zur Seite und verlor bei der ruckartigen Bewegung seine Brille von der Nase. Instinktiv versuchte er sie zu halten; die rechte Hand schoss nach vorn, doch vergebens;

er konnte die davonfliegende Brille nicht erreichen. Zwischen den beiden Gleisen aber stand ein Signalmast so nahe an dem vorbeibrausenden Zug, dass die Hand des Jungen dagegen prallte und von dem heftigen Schlag abgerissen wurde. In diesem Augenblick zerrte ihn der Vater in den Wagen. Rot schoss das Blut aus dem Stumpf hervor, und der Junge brüllte vor Schmerz.

Er verblutete nicht, da die Eltern trotz des Schocks geistesgegenwärtig genug waren, den Blutverlust zu stoppen. Die Hand ihres Sohnes aber musste durch eine Prothese ersetzt werden. Der Zug hielt unmittelbar nach dem Unfall, doch die Sanitäter suchten die Hand vergebens. Sie fanden die Brille, unversehrt, und auch die Blutflecken an dem weißroten Signalmast zeigten deutlich den Ort der Unfallstelle an. Die Hand aber ist zwischen den Gleisen nie gefunden worden.

KAPITEL 2

PROST MAHLZEIT

Essen und Trinken ist nicht nur eine Notwendigkeit für alle Lebewesen, sondern auch ein Teil der menschlichen Kultur – und diese unterscheidet sich bekanntermaßen von Volk zu Volk, von Kontinent zu Kontinent, von Gesellschaftsschicht zu Gesellschaftsschicht. Und so kursieren unzählige Geschichten von Menschen, welche die falsche Gabel benutzen oder von den Essgewohnheiten in anderen Ländern überrascht werden. Am bekanntesten dürfte jene Geschichte von einer Frau im chinesischen Restaurant sein, die kein Wort der Landessprache beherrschte und dem Kellner durch Zeichen zu verstehen gab, er möge bitte auch ihren Hund füttern. Der Kellner nickte freundlich, nahm das Tier mit in die Küche, und bereitete es – da er die Frau missverstanden hatte – für sie zu. Das Mahl soll der Dame sogar ausgezeichnet geschmeckt haben.

Von allem Möglichen und Unmöglichen, das man sonst noch – meist aus Versehen – zu sich nehmen kann, berichten die folgenden Sagen.

CHICKEN SOFT TACO À LA SURPRISE

Eine junge Amerikanerin hatte den ganzen Tag über nichts gegessen. Mit knurrendem Magen holte sie sich auf dem Heimweg bei einer Fast Food Kette mit mexikanischem Essen einen Chicken Soft Taco. Heißhungrig verschlang sie ihn gleich unterwegs, während sie mit einer Hand am Steuer nach Hause lenkte. Doch irgendetwas an dem Taco schien ihr nicht bekommen zu sein: Über Nacht schwoll ihr Kiefer schmerzhaft an. Am nächsten Morgen ging sie gleich zum Arzt. Dieser untersuchte sie kurz und verschrieb ihr dann eine Salbe. Es sei eine allergische Reaktion, sagte er, und das Medikament werde gegen die Schwellung helfen.

Gemäß seinen Anweisungen behandelte die Frau ihren Kiefer zweimal täglich, doch ohne Erfolg. Zwei Tage vergingen, doch es trat keine Besserung ein. Im Gegenteil: Die Schwellung im Kiefer hatte zugenommen, und die junge Frau konnte ihren Mund kaum noch öffnen. Die Schmerzen selbst hielten sich zum Glück in Grenzen. Beunruhigt suchte sie erneut ihren Arzt auf. Dieser zeigte sich überrascht, begann mit einer Reihe von Untersuchungen und nahm auch eine Speichel- sowie eine Gewebeprobe.

Bereits am nächsten Vormittag lagen ihm die Laborergebnisse vor, und er bestellte die junge Frau umgehend in seine Praxis. Unter örtlicher Narkose entfernte er knapp eine Stunde später mehrere Partien des Mundraums. Erst dann erzählte er ihr, was er herausgefunden hatte.

In ihrem Chicken soft taco musste sich eine schwangere Küchenschabe befunden haben. In ihrem Heißhunger hatte sie diese gemeinsam mit dem Taco zermalmt und heruntergeschluckt. So gelangten die Eier der Schabe in ihre Speicheldrüse – ein warmer, ein hervorragender Ort mit perfekten Brutbedingungen für die Schabeneier.

Hätte der Arzt die Eier nicht gefunden oder die junge

Frau nur ein wenig später operiert, hätte sie wohl eine Reihe von Küchenschaben ausgebrütet. Und diese wären in ihrer Speicheldrüse geschlüpft – und hätten sich dann ihren Weg in die Freiheit gefressen.

DIE WUNDERDIÄT

Immer wieder gibt es Versprechen von besonders wirksamen und dennoch unkomplizierten Diäten; Frauenzeitschriften quellen über mit Tipps zur schlanken Linie, doch eine perfekte Methode ist noch nicht gefunden.

Vor einigen Jahren nun bot eine Firma spezielle Diätpillen auf biologischer Basis an. Diese, so hieß es, brächten ganz erstaunliche Ergebnisse. Davon hörte auch eine junge Frau, die knappe 10 Kilo los werden wollte.

»Schaden kann es nicht«, dachte sie sich und erstand das Wundermittel. Und tatsächlich hatte sie in weniger als zwei Wochen ihr Ziel erreicht, ohne nennenswert weniger zu essen. Hochzufrieden setzte sie das Mittel ab – doch das Abnehmen hörte nicht auf. Sie konnte verzehren, was sie wollte – Kuchen, fettes Fleisch, Süßes, alles – doch sie verlor weiterhin ein Pfund um das andere. Wochen vergingen, und die junge Frau, ausgezehrt und hohlwangig, war nunmehr nur noch ein Schatten ihrer selbst.

Eine Bekannte von ihr, eine Apothekerin, ging der Sache schließlich auf den Grund. Ihre Meinung stand fest: Der gefährliche und stete Gewichtsverlust musste an der Diätpille liegen. Sie erstand nun ihrerseits das Wundermittel und untersuchte es. Als sie die Schale der Pille aufbrach, fand sich kein Medikament in der Mitte, sondern ein zusammengerollter Bandwurm. Hungrig reckte er das gefräßige Maul seiner Befreierin entgegen. Kurzerhand warf sie ihn in die Toilettenschüssel und betätigte die Spülung.

Nun wusste sie sehr wohl, dass Bandwürmer einen Wirtskörper, den sie einmal besetzt haben, nicht freiwillig wieder verlassen, bevor ihr Wirt verhungert ist. Doch sie hatte in ihrem Beruf allerlei ungewöhnliche Kniffe gelernt, und so wusste sie Rat. Sogleich brach sie zu der jungen Frau auf, um ihr die Lage darzulegen und zu helfen. Sie erhitzte einen halben Liter Milch auf dem Herd, goss diese in eine Schale und stellte das dampfende Gefäß auf den Tisch. Nun bat sie ihre Bekannte, sich an den Tisch zu setzen und ihren offenen Mund über die Schale zu halten. Die Milch kühlte ab, und nichts geschah. Neue Milch wurde erwärmt und ersetzte die alte, und so vergingen die Minuten.

Die junge Frau kämpfte bereits eine halbe Stunde mit einer Kiefersperre, als sie mit einem Mal zu würgen begann. »Nicht!«, beschwor sie die Apothekerin, und die junge Frau mühte sich unter Aufbietung all ihrer Kräfte zu tun, wie ihr geheißen. Endlich steckte der Bandwurm seinen Kopf aus ihrem Mund. Langsam bewegte er sich auf die verlockende heiße Milch zu. Die Apothekerin zog nun die Schale ein Stück weiter fort, und der Bandwurm, der noch zum großen Teil in der Speiseröhre der Frau steckte, folgte dem duftenden Köder, Zentimeter um Zentimeter, bis er schließlich auf die Tischplatte fiel. Mit einem Fleischklopfer zermalmte die Apothekerin den Wurm.

Die junge Frau aber schwor sich, ihr niedriges Gewicht fortan ohne die Hilfe irgendwelcher Medikamente zu halten und regelmäßig Sport zu treiben.

EIN GUTER TROPFEN

Ein junges Paar war durch eine Erbschaft zu haufenweise Geld gekommen und erfüllte sich damit einen Traum. Es erwarb ein kleines Schloss, das zum Großteil sogar noch möbliert war.

An ihrem ersten Tag nach dem Einzug erkundeten sie aufmerksam jeden Winkel des Gebäudes. Der Makler hatte ihnen zwar das meiste gezeigt, aber sie hatten sich nicht die Zeit für jede kleine Kammer genommen. Im Keller durchstreiften sie den großen Lagerraum mit leeren Fässern, in den sie bei der Besichtigung nur einen flüchtigen Blick geworfen hatten. In der kühlen schweren Gewölbeluft hing noch ein Hauch von Alkohol und zeugte von den edlen Tropfen, die hier einst gelagert worden waren. Zwischen all diesen längst geleerten Fässern jedoch fand sich eines, das noch voll zu sein schien. Aufgeregt und mit kindlicher Entdeckerfreude zapften sie es an – und tatsächlich rann Flüssigkeit heraus. Vorsichtig füllten sie ein Glas und schnupperten daran. Es handelte sich eindeutig um Alkohol – etwas Gebranntes, um genau zu sein und sicher nicht zu schwach. Übermütig nahm der Mann einen kleinen Schluck, um zu kosten, hielt kurz inne – und leerte das Glas dann in einem Zug. Es handelte sich um einen vorzüglichen Brandy. Die beiden lachten, füllten das Glas erneut und tranken auf ihr Schloss voller Überraschungen.

Fortan boten sie all ihren Gästen davon an, und alle zeigten sich begeistert und erhoben das Glas auf den glücklichen Fund. Auch auf Partys im Schloss kam *der Brandy de Château* – wie sie ihn nannten – mehr als gut an. Die Gäste genossen den herrlichen Geschmack, doch beinahe noch mehr das Gefühl, etwas zu kosten, das vielleicht Jahrzehnte oder gar Jahrhunderte über gereift war.

Und so erlangte der Brandy in ihrem Freundeskreis mit

der Zeit eine gewisse Berühmtheit und wurde gepriesen, wann immer das Gespräch auf Alkohol kam. Ein Jahr verging, und es kam, wie es kommen musste: Der letzte Tropfen floss aus dem Fass; die Quelle war versiegt. Als sie es jedoch beiseite stellen wollten, stellten sie mit Erstaunen fest, dass es noch immer viel zu schwer war, um leer zu sein. Einmal mehr neugierig geworden, schlugen sie mit einer Axt den Boden auf. Kaum aber hatten sie hineingesehen, wünschten sie sich, das Behältnis niemals geöffnet zu haben. Auf dem Boden des Fasses lag ein verschrumpelter Leichnam, der nur schwer als Mensch zu erkennen war.

Als sie sich wieder beruhigt hatten, riefen sie die Polizei. Und die fand bei ihren Nachforschungen heraus, dass es sich vermutlich nicht um ein Verbrechen handelte. Vor langer Zeit war es hin und wieder üblich gewesen, in der Fremde Verstorbene in Alkohol konserviert nach Hause zu schiffen, damit sie bis zur Beerdigung dort möglichst gut erhalten blieben. Ihr *Brandy de Château* war demnach nie für den Verzehr bestimmt gewesen.

»SÜßES, SONST GIBT'S SAURES!«

Die Faszination von Halloween schwappt zusehends aus Amerika nach Europa über, traditioneller Fasching hin oder her. Und mit den Kostümen und Bräuchen kommen auch die Geschichten, die sich um dieses Fest ranken, das immer wieder in Horrorfilmen als Rahmen benutzt wird. Masken als Versteck, noch dazu die hohe Zahl düsterer Gestalten, das scheint ideal für einen spielerischen Umgang mit der dunklen Seite in uns allen, doch wo hört der Spaß auf und beginnt der Ernst? Halloween scheint die Nacht zu sein, in der auch sonst vernünftige Menschen nicht immer zwischen kleinen und bösen Scherzen unterscheiden können, und solchen, die überhaupt kein Scherz mehr sind.

Es war jedenfalls in der Nacht von Halloween, als drei maskierte Jungs in einer amerikanischen Kleinstadt von Tür zu Tür zogen, um sich einen Haufen Süßigkeiten zu erschnorren.

»Trick or Treat – Süßes, sonst gibt's Saures«, forderten sie lachend, und Süßes wurde ihnen an fast jeder Tür gegeben. Selbst der griesgrämige Witwer am Ende ihrer Straße reichte ihnen ein paar Schokoriegel. Sehr beliebte und verbreitete Schokoriegel, und so hatten sie zweieinhalb Stunden später 27 dieser Riegel gesammelt. Mit schmerzenden Füßen, aber dennoch bestens gelaunt, beschlossen sie, diese 27 Schokoriegel in einem sportlichen Wettkampf an Ort und Stelle zu vernichten. Im Park, unter der Lampe beim Softballfeld, reihte ein jeder von ihnen neun Riegel vor sich auf; dann fiel der Startschuss. Sie rissen das Papier von den Riegeln, stopften sie sich in den Mund, schluckten, ohne zu kauen und griffen dabei schon zum nächsten. Ein Wettkampf, bei dem die Verlierer bereits von vornherein festzustehen schienen, und das waren ihre Mägen. Doch wen kümmerte das schon; die Eltern waren fern.

Beim vierten Riegel aber stieß einer der drei einen Schmerzenslaut aus, der ein Schrei hätte werden sollen – doch aus der mit Schokolade verstopften Kehle drang nicht mehr als ein seltsames Gurgeln. Der Junge griff sich an den Hals, würgte den süßen Kaubrei und Blut hervor, immer mehr Blut. Die anderen schrien, rannten zu den nahe gelegenen Häusern und riefen nach einem Arzt. Doch als dieser schließlich eintraf, war der blutende Junge bereits ins Koma gefallen. Im Krankenhaus fanden die Ärzte eine Rasierklinge, die in der Speiseröhre des Jungen steckte und ihr einen mehrere Zentimeter langen Schnitt beigebracht hatte. Auch die Stimmbänder hatte sie beschädigt. Das Leben des Jungen konnte gerettet werden, doch richtig Schlucken konnte er 15 Jahre nach dem Vorfall noch immer nicht, und sein Sprechen blieb für immer ein krächzendes Flüstern.

Wer die Rasierklinge letztlich in den Schokoriegel gesteckt hatte, konnte nicht geklärt werden.

FINGERFOOD

Zwei Studenten hatten wieder einmal keine Lust zum Kochen. Da es die letzten drei Tage schon Tiefkühlpizza gegeben hatte, erstanden sie im Supermarkt um die Ecke eines dieser eingeschweißten Gerichte für die Mikrowelle – »irgendwas mit Fleisch«. Als sie bereits die Hälfte ihrer Portionen hinuntergeschlungen hatten, stieß der eine von ihnen mit seiner Gabel unerwartet auf einen – für das Weichkoch-Einerlei in seiner Schale ungewöhnlich harten – Gegenstand. Skeptisch hob er den mit roter Soße bedeckten Fleischbrocken gegen das Tageslicht – und fuhr entsetzt zurück.

»Ein Finger!«

Laut schepperten Gabel und Fleisch auf den Küchentisch, und der Student verschwand würgend ins Bad. Sein Kommilitone war abgebrühter und säuberte das Stück kopfschüttelnd unter dem Wasserhahn.

»Du hast Recht!«, rief er dann ins Bad. »Das sind die vordersten zwei Glieder eines Fingers; sogar der Nagel ist noch dran.«

Die Antwort waren weitere Würgegeräusche aus dem Badezimmer.

Die beiden gingen zur Polizei, die ihren Verdacht bestätigte und eine Untersuchung der Herstellerfirma in die Wege leitete. Der Manager gab sich bestürzt und bangte um den guten Ruf des Unternehmens. Zu Recht, denn die Geschichte war ein gefundenes Fressen für die Presse. Doch die Arbeit der Polizei vor Ort ergab nichts – die Sicherheitsvorkehrungen waren vorbildlich, keiner der Angestellten hatte in den letzten zwei Jahren einen Finger oder ein anderes Körperteil an den Maschinen verloren.

Eine Untersuchung der DNA des Fingers identifizierte ihn als den eines seit Wochen vermissten Mannes, der angeblich hohe Spielschulden bei einem mächtigen Zuhälter gehabt haben sollte. Doch dieses Gerücht wollte niemand im Milieu bestätigen, erst recht nicht, als weitere Finger und ein halbes Ohr in anderen Fertiggerichten auftauchten. Noch heute ist der größte Teil des Mannes nicht gefunden worden, und auch, wie die Körperteile in das Essen gelangt waren, konnte bis dato nicht geklärt werden.

OH, SÜßER TOD

Ungewöhnliche Todesursachen gibt es viele, aber das, was sich im Januar 1919 in Boston zugetragen hat, scheint eher einem schrägen Comic entsprungen als der Realität. Und doch kostete es über 20 Menschen das Leben.

Es war kurz nach zwölf Uhr, als sich ein Angestellter der Stadtverwaltung auf dem Weg zum Mittagessen befand. Er hatte einen lockeren Vormittag hinter sich und war bester Laune. Zudem schien die Sonne, und die Temperatur stieg in für diese Jahreszeit ungewöhnlich hohe Regionen. Den Mantel hatte er deshalb im Büro gelassen; er trug nur das Jackett über dem Hemd.

Sein Weg führte ihn durch ein Industriegebiet, in dem auch eine Süßwarenfabrik ihren Firmensitz hatte. Vor der Tür der Firma standen etliche Kinder, in der Hoffnung, man möge ihnen einige der köstlichen Leckereien für kleines Geld zustecken oder gar schenken. Fröhlich winkten sie dem Verwaltungsangestellten zu und dieser, der in seiner Jugend selbst einige Stunden hier verbracht hatte, winkte lachend zurück.

Im Hinterhof der Firma lagerte an diesem Tag ein riesiges Behältnis mit 14.000 Tonnen Sirup. Es war zum Bersten gefüllt, und die zähe Masse dehnte sich in der unerwarteten Wärme immer weiter aus. Der Mann hatte die Fabrik gerade erreicht, als ein dumpfer Schlag die Wände des 10 Meter hohen Containers bersten ließ. Mit drängender Urgewalt schwappte die zähe Sirupmasse heraus und ergoss sich in die umliegenden Straßen.

Aus dem Inneren des Werksgeländes ertönten Schreie und Flüche; auch die Kinder, die er just passiert hatte, kreischten. Der Angestellte fuhr herum – und sah eine Sirupwand von mehreren Metern Höhe auf sich zukommen. Den Mund in einem stummen Schrei geöffnet, stand er da und musste hilflos mit ansehen, wie der Sirup die Kinder unter sich begrub. Sekundenbruchteile später erreichte auch ihn die zuckrige Flut und begrub ihn unter sich. Es war unmöglich, sich aus eigener Kraft aus der zähflüssigen Masse freizuschaufeln, und so erstickte der Mann jämmerlich.

Neben den mehr als 20 Toten hatte Boston an diesem Tag über 100 Verletzte zu beklagen. Die Süßigkeitenfabrik wurde geschlossen.

KAPITEL 3

DROGEN UND ALKOHOL

In diesem Kapitel geht es um alles, was Rauschzustände hervorruft – illegale Drogen, Alkohol und unkonventionellere Methoden. Drogen beeinträchtigen Verstand und Körper, verändern die Wahrnehmung oder setzen Hemmschwellen herab, und das ist wunderbarer Stoff für moderne Sagen. Auch ansonsten eher skeptische Zuhörer trauen berauschten Menschen alles Mögliche zu, gerade dann, wenn es sich dabei um »härtere« oder – besonders beliebt in modernen Sagen – »ganz neue, besondere und bis dato unbekannte« Drogen handelt.

Die Begeisterung für Bewusstseinserweiterung trifft hier ganz rabiat auf die Angst vor Kontrollverlust. Diese Geschichten erzählen manche zur Belustigung ihrer Gesprächspartner, andere zur Warnung, was alles passieren kann, wenn man die Kontrolle über das eigene Verhalten verliert, die eigenen Gedanken oder das Schmerzempfinden. Besonders beliebt sind dabei Geschehnisse unter Einfluss von diversen Halluzinogenen. Tatsächlich tun und erleben Menschen unter Drogeneinfluss immer wieder die erstaunlichsten und sonderbarsten Dinge – auch wenn natürlich nicht jeder dabei so weit geht, wie der Mann ohne Gesicht.

DER MANN OHNE GESICHT

Ein Mann hatte Gäste, und in der geselligen Runde stand ihm der Sinn nach Angel Dust, einer Droge, der ganz besondere »Superkräfte« zugesprochen wurden. Er rauchte genüsslich die letzten Reste seines Vorrats und nahm sich vor, am nächsten Tag Nachschub zu besorgen. Die Runde sprach über dieses und jenes, während die beiden Dobermänner des Hausherrn still zu Füßen der Gesellschaft lagen. Irgendwann erhob sich der Gastgeber und verschwand mit der Erklärung, er müsse kurz die Hunde füttern, in der Küche. Die Tiere folgten ihm schwanzwedelnd.

Die Zeit verging, und als die Gäste die zweite Flasche Wein ohne ihn geleert hatten, ging einer von ihnen in die Küche, um nach seinem Freund zu sehen. Das Bild, das sich ihm bot, war entsetzlich. Der Mann saß ruhig am Tisch, ein scharfes Messer in der Hand und aufs Schrecklichste entstellt. Er hatte sich die Nase abgeschnitten, die Augenlider, die Ohren, ein Stück Wange und sogar die Lippen. Blut tropfte aus den offenen Wunden, und just als der Freund das Zimmer betrat, verfütterte er eines seiner Ohren an den brav vor ihm sitzenden Hund, der bettelte, als handle es sich um eine besondere Delikatesse. Aus starren, mit Blut verklebten Augen sah ihn der Freund an und versuchte, zu lächeln. Er schien nicht die geringsten Schmerzen zu verspüren.

Schnell hatten die Gäste die Blutung gestoppt, die Hunde beruhigt und den Krankenwagen gerufen. Der Mann wurde sofort operiert, und man versuchte, ihm aus Partien seiner Brust ein neues Gesicht zu modellieren. Nur mit Mühe konnten die Funktionen von Mund, Nase und Ohr erhalten werden. Der Mann wurde nie wieder frei von Schmerzen und soll noch heute sein Gesicht unter einer Maske verbergen. Er hat sich weder physisch noch psychisch von dieser Nacht erholt.

PUMPEN STATT RAUCHEN

In Thailand hat sich in den letzten Jahren eine billige Alternative zu Drogen etabliert. Um high zu werden, stecken sich vor allem Kinder und Jugendliche eine Fahrradpumpe in den Hintern. Durch einen kräftigen Stoß Luft verschaffen sie sich ein kurzzeitiges High-Gefühl. Mag das im ersten Moment auch eher bizarr oder lustig anmuten als besonders gefährlich, so gibt es auch hier das Problem der Überdosis.

Nach wochenlangem Pumpen wollte ein zwölfjähriger Junge seinen Genuss vergrößern. Er kaufte sich eine fußbetriebene Pumpe mit einem deutlich größeren Zylinder und viel mehr Druck auf dem Luftstoß.

Sei es, weil er nach einem noch größeren Kick suchte, sei es, weil er seine Freunde beeindrucken wollte – auf jeden Fall lud er Letztere zu einem nächtlichen Streifzug ein. Auf die Frage des »Wohin?«, antwortete er nur »Tankstelle«. Und dann, mit einem vielsagenden Grinsen: »Pressluftschlauch«.

Seine Freunde johlten vor Vergnügen, klopften ihm auf die Schulter und nannten ihn bewundernd den coolsten Spinner der Welt. Der Junge wusste nicht, wie groß der Pressluftdruck sein würde, und so nahm er den Schlauch vom Haken und schob ihn breit feixend an die gewünschte Stelle. Dann fütterte er das Gerät mit Münzen, und das Ventil öffnete sich.

Mit gewaltiger Kraft blähte sich erst sein Darm auf, dann sein Magen, und schließlich explodierte der Junge. Sein Magenraum wurde regelrecht zerfetzt und verteilte sich weitflächig in der Umgebung. Seine Freunde und drei Passanten erlitten einen Schock. Das letzte Körperteil des Jungen wurde erst Stunden später bei Tageslicht gefunden.

Schon Stunden nach seinem Tod machten Gerüchte die Runde, er sei mit einem unglaublichen Lächeln auf den

Lippen gestorben – high, wie noch nie zuvor in seinem Leben. Zwar ist dieses Hochgefühl mehr als unwahrscheinlich und die Umstände, unter denen Darm und Magen des Jungen explodierten, sind den Medizinern noch immer ein Rätsel, doch besorgte Eltern und Polizisten befürchten nun, es könnte Nachahmer geben, die sich in den nächsten Jahren auf dieselbe Weise in die Luft jagen werden.

TRINKEN UND FAHREN

Ein Mann kam unter der Woche sehr spät nach Hause. Er hatte mit seinen Kollegen gebechert und weit mehr als nur das eine Glas zu viel getrunken. Daheim konnte er kaum die Türe zwischen Garage und Haus öffnen. Er stolperte in den Flur, warf bei dem vergeblichen Versuch, sein Jackett aufzuhängen, mehrere Jacken von den Kleiderbügeln und weckte mit seinem unkontrollierten Getrampel seine Frau. Diese half ihm aus den Kleidern und ins Bett, das er alleine wohl nur schwerlich gefunden hätte.

Am nächsten Morgen tadelte sie ausgiebig sein Verhalten. Wie habe er nur in dem Zustand fahren können? Noch jetzt, im Nachhinein, zittere sie vor Sorge – er hätte schließlich sterben können! Er solle ihr auf der Stelle versprechen, derlei nie wieder zu tun.

Der Kopf des Mannes pochte, und zähneknirschend gab er zu, sich an die letzten Stunden der Nacht nicht erinnern zu können. Nur, so bat er seine Frau, sie möge doch bitte nicht so schreien – schon gar nicht so laut. Es sei doch nichts passiert, und wenn er heim gefunden habe, dann könne alles so schlimm ja gar nicht gewesen sein. In Zukunft würde er ein, zwei Bier weniger trinken, wenn er noch fahren müsse, das wolle er hiermit versprechen – jetzt aber müsse er arbeiten. Er sei bereits spät dran.

Schwankend verzog er sich ins Bad, duschte und rasierte sich. Dann trank er einen schnellen Kaffee und machte sich auf den Weg zur Arbeit. Seine Frau war noch immer verstimmt, begleitete ihn aber bis zur Garage, um ihm zum Abschied zu winken.

»Machs gut, Schatz.«

Er setzte zurück, aus der Garage heraus, und die Frau wollte sich bereits abwenden – da riss sie die Augen auf und brach schreiend zusammen. Vorne im Kühlergrill hing ein totes Mädchen, das ihr Mann in der Nacht angefahren und bis nach Hause geschleift hatte, ohne es zu bemerken.

JÄGER MIT PROMILLE

An einem warmen Herbsttag im ländlichen Pennsylvania saßen ein paar befreundete Männer auf dem Flachdach einer Farm und tranken Bier. Zum Zeitvertreib feuerten sie immer wieder einmal in die Felder, wenn sie dort ein Tier erspähten. Da entdeckte der Besitzer des Hauses einen Waschbären, der in gut 30 Metern Entfernung durch die Felder stromerte. Sie schossen mehr als ein Dutzend Mal und verfehlten ihn. Der Bär suchte das Weite und versteckte sich in einem schmalen Abwasserrohr, das in die Erde führte. Die Männer schüttelten lachend den Kopf. Sie konnten nicht fassen, dass sie das Tier verfehlt hatten, griffen johlend zum »guten Zielwasser« und stießen an. Der Hausbesitzer aber wollte diese Schmach nicht auf sich beruhen lassen. Entschlossen stieg er vom Dach und stapfte zu dem Rohr hinüber, fest entschlossen, das Begonnene zu Ende zu bringen.

Betrunken wie er war, hielt er es für das Beste, das Tier auszuräuchern, und so schüttete er etwas Benzin in das Rohr. Schnell rann die Flüssigkeit in die Tiefe hinab. Dann warf er ein brennendes Streichholz hinterher – nichts geschah. Er wiederholte das Prozedere – Benzin, Streichholz – und wieder geschah nichts. Nun packte ihn erst recht der Ehrgeiz.

»Immerhin steht mein Ruf auf dem Spiel. Also – was soll der Geiz?«, lallte er, leerte zwei ganze Kanister in das Rohr und versuchte erneut sein Glück. Doch noch immer geschah nichts. Da kam ihm in seinem umnebelten Verstand eine grandiose Idee. Das Benzin fließe einfach zu schnell das steile Rohr hinunter, deshalb zünde es auch nicht; er müsste also näher an das Benzin heran. Gedacht, getan – im nächsten Moment rutschte er auf wackligen Füßen ein paar Meter in die Tiefe, bis er das Benzin deutlich riechen konnte. Er entzündete ein weiteres Streichholz und warf es in die Dunkelheit vor sich. Eine Dunkelheit, die sich sofort in grelles Licht verwandelte.

Das Benzin explodierte. Eine unglaubliche Druckwelle trug den Waschbärjäger vor den Flammen aus dem Rohr hinaus, katapultierte ihn hoch hinauf in den Sonntagshimmel, direkt in Richtung seiner Farm, wo seine Freunde mit offenen Mündern und Bierflaschen in der Hand seinen Flug verfolgten. Der Mann schrie laut vor Überraschung und in Panik – doch Narren und Betrunkenen ist das Glück hold, heißt es. Und tatsächlich landete er, nachdem er gut 40 Meter Luftlinie überbrückt hatte, weich in einem Anhänger mit Heu, aus dem er beinahe unverletzt herausgekrochen kam. Den Bären hatte er spektakulär erlegt. Nur das Pfeifen in den Ohren, hervorgerufen durch die Explosion im Rohr, wurde er nie wieder los.

LOCH IM KOPF

Der Holländer Bart Huges wurde im Jahr 1934 in Amsterdam geboren, verlebte eine normale Kindheit und studierte zehn Jahre Medizin. Im Jahr 1964 fiel er in einer Prüfung in Geburtenhilfe durch und beschloss daraufhin, das Studium an den Nagel zu hängen.

Bereits zwei Jahre zuvor hatte er unter Marihuana den Mechanismus des veränderlichen Gehirnvolumens entdeckt. Kurz darauf traf er einen Mann, der seit einem Autounfall ein Loch im Kopf hatte, was ihm angeblich zu einem erweiterten Bewusstsein verhalf. Bart Huges stellte nun unter Mescalin und LSD theoretische Überlegungen an und kam zu dem Schluss, dass im Kopf dieses Mannes dank der Verringerung der Rückenmarksflüssigkeit ein erhöhtes Gehirnblutvolumen vorhanden sein müsse, was wiederum zur Kontraktion der Venen führe.

Da auch ihm nach dem Zustand des permanenten Highseins gelüstete, beschloss er kurzerhand, ein Loch in sein Rückgrat zu bohren und die Flüssigkeit herauszudrücken. Letzten Endes aber entschied er sich doch für das Loch im Kopf, weil dieses erstens nicht zuwachsen würde und zweitens besser für den Druckausgleich geeignet sei, der für das Herauspressen der Rückenmarksflüssigkeit vonnöten sein musste. Das Loch nannte er »drittes Auge«, das Trepanieren an sich, so fand er heraus, war seit der Jungsteinzeit archäologisch belegt. So weit die Theorie, nun ging es ans praktische Erproben.

Er suchte etwa 20 Professoren auf, darunter Psychiater, Neurologen, Anthropologen und andere. Doch sie alle weigerten sich, Huges zu trepanieren – zu gefährlich, zu bedenklich, nicht anerkannt und immer wieder die Frage, ob er denn wahnsinnig sei. Auch Freunde versuchten ihn von seinem Vorhaben abzuhalten, doch vergeblich. Schließlich beschloss er, den Eingriff selbst durchzuführen. Eine dreiviertel Stunde benötigte er mithilfe eines elektrischen Bohrers, eines Skalpells und einer hypodermischen Spritze für die örtliche Betäubung für die Trepanation in seiner Garage. Er behauptete später, währenddessen keinerlei Schmerzen verspürt zu haben. Hernach dauerte es noch einmal vier Stunden, bis die Rückenmarksflüssigkeit herausgepresst war. Die Wunde verheilte nach drei Tagen, und eine Woche später ging er mit seiner Geschichte an die Öffentlichkeit. Schon am nächsten Tag wurde er zur Beobachtung in eine psychiatrische Klinik gesteckt, aus der er aber nach drei Wochen entlassen wurde.

Danach machte er sich daran, seine Idee des »Homo sapiens correctus« mit dem dritten Auge zu verbreiten. Er forderte jeden Erwachsenen auf, sich trepanieren zu lassen, um sich »wieder frei und lebendig wie ein Kind zu fühlen«. Er begann seinen Kampf gegen »den Ernst der Gesellschaft der Erwachsenen«. Glücklicherweise hat seine Idee bislang nur wenig Aufsehen erregt und noch weniger Anhänger gefunden.

KAPITEL 4

DER BESTE FREUND DES MENSCHEN UND ANDERE TIERE

Hunde sind ihrem Herrn treu ergeben, heißt es, und schon in Homers *Die Odyssee* ist es der Hund, der den heimgekehrten Irrfahrer als Erstes erkennt. Doch keine Regel ohne Ausnahme, und so gibt es auch die Geschichte von dem Hund, der seinen Herrn – einen Jäger – versehentlich erschießt, als er an das nicht gesicherte Gewehr stößt, aus dem sich sodann ein Schuss löst. Auch von einem solchen Killerschaf wurde schon berichtet, und ebenso von Affen, die für kleinere Diebstähle abgerichtet werden. Letzteres erinnert sehr stark an den ersten *Indiana-Jones*-Film, doch es ist nicht sicher, was zuerst existierte – der Film oder die Sage.

Viele der Sagen aus diesem Kapitel lassen sich in zwei Gruppen unterteilen: Die Erste erzählt von domestizierten, vom Menschen kontrollierten Tieren, die versehentlich oder in einem Anflug von Aufbegehren der selbst ernannten Krone der Schöpfung Schaden zufügen. Die zweite Kategorie berichtet von wilden, meist besonders großen oder giftigen Tieren.

In beiden Fällen haben sie eines gemein: Sie verhalten sich völlig unberechenbar.

DER HUND DES TRAPPERS

Ein nordamerikanischer Trapper lebte in den Bergen, weit abseits jeglicher Zivilisation. Sein kleiner Sohn war noch im Krabbelalter, seine Frau kurz nach der Geburt gestorben. Und so ließ der Trapper stets seinen großen, treuen Jagdhund als Wächter bei dem Kind zurück, wenn er nach seinen Fallen sehen musste, um für ihr Überleben zu sorgen.

Eines Tages kehrte er müde und enttäuscht von der langen und erfolglosen Tour heim. Die Tür seines Heims stand offen und bewegte sich knarzend im frischen Herbstwind. Der Trapper fluchte. Er zog seine Axt, mit der er in der Früh noch Feuerholz geschlagen hatte, aus dem Holzstumpf neben der Hütte und stürmte hinein – und zur Wiege seines Sohnes. Diese war aufgewühlt und leer – und von seinem Hund keine Spur.

Überall klebte Blut, auf dem Boden, den Möbeln, sogar an den Wänden. Es sah aus, als hätte ein furchtbarer Kampf getobt, oder wie in einem Schlachthaus, oder als hätte eine Bestie ein hilfloses Opfer ...

Sein Kind ...!

Scharf sog er die Luft ein, erstarrte, hilflos – und brüllte seine Verzweiflung hinaus. In diesem Moment kam der Hund unter dem Bett hervorgekrochen, das Maul blutverschmiert. Ohne zu zögern, zerschmetterte der Trapper dem treulosen Tier mit der Axt den Schädel und schalt sich einen Narren.

Wie hatte er auch annehmen können, ein Hund könne sich um ein menschliches Kind kümmern? Eines Tages hatten seine tierischen Triebe ja durchbrechen, sein Jagdinstinkt geweckt werden müssen.

Da hörte er ein Baby weinen, und er rannte um das Bett herum. Er fand sein Kind unversehrt, daneben einen großen, toten Wolf. Übersät mit Bisswunden hielt der Kadaver ein blutiges Stück vom Fell des tapferen Jagdhundes zwischen seinen Fängen.

FISCH MIT ÜBERRASCHUNG

Von riesigen Forellen und alten Gummistiefeln handeln die am häufigsten erzählten Angleranekdoten. Doch nur wenige haben von einem Fang zu berichten, wie er einem 29-jährigen Amerikaner aus Louisiana an den Haken gegangen sein soll.

Dabei begann alles recht gewöhnlich. Der junge Mann saß an dem Platz, an dem er immer die Angel auswarf, und stellte sich auf eine entspannende Stunde ein. Als ein befreundeter Angler kam und sich ein Stück weiter flussabwärts setzte, nickten sie einander aus der Ferne freundlich zu. Es war ein herrlicher Nachmittag, sonnig und nicht zu heiß, und schon recht bald biss unserem Angler auch ein prächtiger 10 Pfund schwerer Barsch an – mehr als nur ein ordentliches Abendessen. Zufrieden nickte er.

Als er nun dem Fang ins Maul langte, um den Haken zu entfernen, spürte er einen spitzen Schmerz in seine Hand fahren und schrie auf. Der andere Angler hörte ihn und eilte sofort herbei. Als der junge Mann seine Hand aus dem Maul zurückzog und seinen blutenden Zeigefinger betrachtete, sah er auch, was ihm diese Verletzung zugefügt hatte. Im Innern des Fisches steckte eine Schlange. Gemeinsam zerrten die beiden Angler das Tier ans Tageslicht, eine 30 cm lange giftige Wasser-Moccasin-Schlange, und töteten es. Dann wurde dem jungen Mann schwummrig.

Sein Freund brachte ihn schnell zu seinem Wagen und ins nächste Krankenhaus. Dort wurde ihm gerade noch rechtzeitig ein Gegengift injiziert.

Schlange und Barsch hängen heute, inzwischen wieder ineinander gesteckt und fachmännisch präpariert, an der Wohnzimmerwand des Anglers, um alle Zweifler an der Geschichte eines Besseren zu belehren.

HUNDEERZIEHUNG

Eine junge Frau war bei einer sehr reichen, aber wohl einsamen Dame jenseits der 70 Jahre zum Tee eingeladen und entsprechend nervös. Sagte man nicht, dass viele Reiche besonders exzentrisch seien? Und wie verhielt man sich gegenüber Angestellten, wie gegenüber der Dame des Hauses? Ohne eine wirkliche Antwort darauf zu kennen – keiner ihrer Freunde hatte ihr weiterhelfen können –, läutete sie, und wurde auch prompt von einem förmlichen Butler eingelassen.

Die Eingangshalle erwies sich als sehr geräumig, erwartet geschmackvoll, und war mit antiken Möbeln eingerichtet. Doch zwischen diesen Möbeln hechelte kein frisch getrimmter Pudel mit Schleifchen im Fell umher, sondern ein großer dreckiger Köter. Er verbiss sich in allem, was ihm gefiel, und verdreckte mit seinen schlammigen Pfoten den Dielenboden. Die junge Frau wurde zum Tee in den Salon geführt, und der Hund folgte ihr, nicht ohne an allen Möbeln zu schnuppern oder seine Zähne in ihnen zu vergraben. Als die junge Frau hernach von ihrer Gastgeberin stolz durch das Haus geführt wurde, steigerte sich ihre Verwunderung über den Umgang der Dame mit ihrem Hund nur noch weiter. Das Tier kaute auf den Möbeln herum, zerlegte ein Sofakissen komplett, warf bei der Suche nach Fressen drei Tassen vom Küchentisch, setzte seine Duftmarke an den Bücherschrank in der Galerie und hinterließ einen großen Haufen mitten auf dem Wohnzimmerteppich.

Die junge Frau sagte nichts, lächelte höflich und sah einfach das Gerücht bestätigt, reiche Menschen seien oft exzentrisch veranlagt. Sicher konnte die Dame sich problemlos die nötigen Reparaturen oder einfach neue Möbel leisten – weshalb also dann den Hund erziehen? Das Gespräch mit der alten Dame verlief äußerst angenehm, der Hund wurde mit keiner Bemerkung erwähnt, weshalb sollte sie sich also in deren Auffassung von Hundeerziehung einmischen? Sie wollte ihre Gastgeberin schließlich nicht verärgern.

Als sie nach drei sehr kurzweiligen Stunden ging, wurde sie an der Tür von ihrer Gastgeberin verabschiedet.

»Ich habe Ihren Besuch sehr genossen und hoffe, Sie kommen wieder einmal vorbei. Aber bitte, bitte, bitte lassen Sie nächstes Mal doch Ihren Hund zu Hause.«

ALLIGATOREN IM KANAL

Als Alligatoren in den Vereinigten Staaten noch nicht geschützt waren, wurden sie hin und wieder als Haustiere gehalten. In den Staaten Florida und Georgia konnten sie für wenige Dollar gekauft werden – als eine Art lebendes Souvenir.

Doch wie das bei Souvenirs so ist, wieder zu Hause angekommen, weiß man nicht, wohin mit ihnen. Einen praktischen Nutzen haben sie selten. Auch können diese Tiere nicht in irgendwelche Kisten verpackt und dem Staub der Jahre überantwortet werden, sondern verlangen Aufmerksamkeit und Pflege. Und eines Tages wird ihren Besitzern überdies klar, dass die Tiere noch wachsen – erheblich wachsen, und daher in einer Stadtwohnung nicht besonders gut aufgehoben sind. Frei nach dem Motto »Aus dem Auge, aus dem Sinn« spülten viele Besitzer ihre Tiere einfach durch die Toilette in die Kanalisation oder entließen sie in dunklen Ecken in die Freiheit, von wo aus die Alligatoren selbst ihren Weg in die dunklen, feuchten Tiefen fanden.

Allein in den großen Städten der Ostküste sollen es weit mehr als tausend gewesen sein. Nicht alle starben, etliche gewöhnten sich an ihre neue Umgebung, ernährten sich von Ratten und anderem Getier – und wuchsen. Und vermehrten sich. Die folgenden Generationen passten sich an die veränderten Lebensbedingungen an. Sie wurden zu Albino-Alligatoren. Madenweiß und blind, jedoch von enormer Größe, bevölkern sie die Kanalisation. Es gibt dort keine vergleichbaren Jäger, keine natürlichen Feinde für sie – nicht einmal den Menschen, der sein Leben für gewöhnlich nicht in diesen Gefilden zu verbringen pflegt. Und doch verschwinden immer wieder einmal Kanalarbeiter und Obdachlose, ohne dass ihre Leichen jemals gefunden werden.

Immer dann, wenn die Ratten seltener werden, kriechen

die Alligatoren aus ihren Tiefen hervor und holen sich ihre Opfer vom Rand der menschlichen Siedlungen. Der Mensch sollte diesen Nagern also dankbar sein, denn solange es noch Ratten unter den Städten gibt, sind die Menschen vor den Albino-Alligatoren halbwegs sicher.

TROPFEN IN DER NACHT

Eines Nachts blieb ein junges Mädchen alleine zu Hause. Sie lebte in einem Bauernhaus, etwas außerhalb der Ortschaft gelegen. Ihre Eltern waren in der benachbarten Kleinstadt zu einer Party eingeladen und versprachen, nicht allzu spät heimzukehren. Das Mädchen war begeistert und richtete es sich mit ihrem Hund gemütlich im Wohnzimmer ein, aß Chips und hörte Radio.

Irgendwann wurde die Sendung für eine kurze Nachricht unterbrochen: Ein verrückter Mörder treibe sich in der Gegend herum. Als Vorsichtsmaßnahme solle jeder Fenster und Türen verschließen, auf keinen Fall aber in Panik geraten. Dafür gäbe es keinen Grund, schließlich habe die Polizei sich bereits der Sache angenommen. Das Mädchen brach also gemeinsam mit ihrem treuen Hund zu einem Rundgang auf und verschloss zuerst die Haustür und die Türe zur Scheune. Dann kontrollierte sie alle Fenster. Mit ihrem Hund fühlte sie sich sicher, außerdem würden ihre Eltern ja bald heimkehren.

Sie verbrachte einen wunderbaren Abend im Kampf gegen die Müdigkeit, bis ihr gegen 23 Uhr endgültig die Augen zuzufallen drohten. Mühsam schleppte sie sich die Treppe hinauf und fiel ins Bett, löschte das Licht und hielt ihre Hand aus dem Bett, so dass ihr Hund daran lecken konnte, wie er es immer tat. Das Bett war hoch genug, dass ihr vierbeiniger Freund bequem darunter schlafen konnte.

Etwas später erwachte sie, weil sie an ihrem Fenster ein kratzendes Geräusch gehört zu haben glaubte. Doch dann schalt sie sich einen Angsthasen – gewiss war es nur der Wind oder ein Ast der dort wachsenden Birke gewesen. Sie sah kurz hinüber und erinnerte sich daran, dass sie das Fenster verschlossen hatte. Das beruhigte sie. Sie hielt ihrem Hund die Hand hin, der hingebungsvoll daran leckte. Mit einem Seufzen schlief sie wieder ein.

Eine weitere Stunde später fuhr sie wieder aus dem Schlaf. Sie hörte Fußschritte im Flur und kroch aus dem Bett, um nachzusehen. Gewiss waren es ihre Eltern, die heimgekommen waren, und nun versuchten, möglichst leise zu sein. Doch sie fand auf ihrem kurzen Rundgang niemanden und kam erneut zu dem Ergebnis, sie müsse sich die Geräusche wohl eingebildet haben. Sie kroch zurück ins Bett. Gerade als sie ihrem Hund die Hand hinhalten wollte, hörte sie ein kontinuierliches Tropfen. Also stand sie wieder auf, um den Wasserhahn in der Küche zu kontrollieren, der immer wieder Ärger machte. Im Erdgeschoss angekommen, stellte sie jedoch fest, dass dort alles dicht war. Wieder eingebildete Geräusche. Seufzend kehrte sie um und musste über sich selbst lächeln, als ihr auffiel, dass sie sich schleichend durch das Haus bewegte – ganz so, als müsse sie sich verbergen. Dabei war sie sonst kein solcher Angsthase. Entschieden rief sie sich zur Vernunft, legte sich wieder hin, der treue Hund leckte die ihm dargebotene Hand und sie schlief wieder ein.

Eine weitere Stunde später erwachte sie erneut. Sie hörte das Tropfen ganz eindeutig. Mittlerweile entnervt von ihrem unruhigen Schlaf, schlurfte sie hinüber ins Badezimmer, um die Wasserhähne dort zu kontrollieren. Müde tapste sie barfuß auf die Bodenfliesen und tastete mit der Hand nach dem Lichtschalter. Als die grelle Lampe den Raum erhellte, schrie das Mädchen vor Grauen und übergab sich ins Waschbecken. An der Brauseaufhängung der Dusche hing ihr Hund – gehäutet. Noch immer tropfte das Blut deutlich hörbar in die Wanne, wo sich bereits eine große, rote Lache gebildet hatte. An der Wand dahinter aber fand sich eine mit Blut geschriebene Nachricht:

»Menschen können auch lecken.«

ANHÄNGLICHE TOTE KATZE

Die Katze einer allein lebenden Frau im mittleren Alter starb eines Tages und lag morgens stocksteif in der Wohnung. Die Frau musste nun das tote Tier loswerden und wickelte es in zwei Papiertüten, die sie sich unter den Arm klemmte. Sie verließ die Wohnung, um zur Arbeit zu gehen, und wollte ihre Katze in den Hausmüll werfen. Doch an den Tonnen traf sie ihren Vermieter an, und da Haustiere im ganzen Gebäude eigentlich verboten waren und er dem entsprechend nichts von der Katze wusste, nahm sie die Tüte mit auf die Straße. Es würde noch andere Gelegenheiten zur Entsorgung des Kadavers geben.

Doch irgendetwas in ihr sträubte sich dagegen, ihr geliebtes Tier einfach in eine öffentliche Mülltonne am Straßenrand zu werfen, so irrational dies auch sein mochte. Also ließ sie die Tüte möglichst unauffällig im Bus zur Arbeit liegen. Doch ein hilfsbereiter Fahrgast trug sie ihr nach. Sie dankte artig und verfluchte innerlich sein freundliches Lächeln.

In der Mittagspause aß sie bewusst in einem ihr unbekannten Restaurant ein paar U-Bahn-Stationen entfernt, wo sie niemand kannte.

Nach dem Essen ließ sie die Tüte unter den Tisch fallen und eilte aus dem Restaurant. Doch die aufmerksame Kellnerin jagte ihr hinterher und überreichte ihr lächelnd und keuchend die Tüte auf der Straße. Fassungslos nahm sie das Paket ein weiteres Mal entgegen. Es konnte doch nicht so schwer sein, ein simples Päckchen ohne Aufsehen loszuwerden.

Auf dem Weg nach Hause nun startete sie weitere Versuche, das tote Tier unauffällig zurückzulassen. Doch ganz gleich ob im Bus, auf einer Parkbank oder in einer Telefonzelle: Immer fand sich ein hilfsbereiter Mensch, der sie vor dem Verlieren ihres Eigentums bewahren wollte.

Kurz bevor sie ihre Wohnung erreichte, beschloss sie, es später noch einmal zu versuchen. Dann würde es dunkler sein und die Straßen wären weniger belebt. Daheim wollte sie noch einen letzten Blick auf das Tier werfen und wickelte es aus. Doch statt der toten Katze fand sich in dem Päckchen eine fertig zubereitete Schweinshaxe.

KAPITEL 5

SEX

Sex ist eines der häufigsten Themen der modernen Sagen. Weit oben auf der Beliebtheitsskala, noch vor Unfällen bei Rollenspielen und diversen S/M-Praktiken, rangieren die erstaunlichsten Masturbationsgeschichten. Es ist verblüffend, in was Männer ihre Penisse hineinstecken oder was alles in weiblichen Körperöffnungen verschwindet und dann operativ entfernt werden muss. Männer verletzen sich in Staubsaugern, Frauen befriedigen sich mit Colaflaschen und Eier legenden Hummern. Und auch wenn laut diversen Krankenhausunterlagen einiges davon wahr ist, gibt es doch zahllose Geschichten dieser Art, die gewiss jeder Grundlage entbehren.

Von diversen Haushaltsgeräten über die exotischsten Tiere reicht das bunte Sammelsurium der Sexualpartner. Weit häufiger ist aber der Geschlechtsverkehr mit Personen, die »tabu« sind, namentlich den Partnern von anderen oder aber der Verkehr mit Blutsverwandten. Derlei »Tabubrüche« werden meist auf dem Fuße bestraft. Im äußersten Falle auch mit dem »handelsüblichen Psychopathen ex machina« ...

DIE WAFFEN EINER FRAU

An seinem Junggesellenabend zog ein Mann Ende 20 mit seinen Kumpels durch die Kneipen, bis sie schließlich in einer Tabledance-Bar landeten. Sie wollten es richtig krachen lassen, und so floss der Alkohol in Strömen. Hier ein Bier, da ein Schnaps, und dazwischen eine Flasche Sekt halfen ihnen, in Stimmung zu kommen. Das meiste Geld aber landete in den Händen und Höschen der Mädchen, die sich hingebungsvoll um die Feiernden bemühten.

Eine Tänzerin mit wirklich überdimensionalen Brüsten hatte es dem Ehemann in spe besonders angetan.

»Für diesen Vorbau braucht es einen Waffenschein«, lachten seine Freunde, und er legte der Tänzerin einen Haufen Geld auf den Tisch – für einen Private Dance der besonderen Art. Genüsslich lehnte er sich zurück, und seine Freunde rutschten zur Seite, um die Bahn frei zu geben und die Ereignisse möglichst gut im Blick zu haben. Mit einem Lächeln ging die Tänzerin langsam auf Tuchfühlung, rieb ihren festen Hintern an dem Schoß des jungen Mannes und drehte sich dann wieder herum, um ihm tief in die Augen zu sehen. Die dreimal operierten Brüste, größer als Kürbisse, schob sie ihm auffordernd entgegen und ließ sie kreisen.

Langsam senkte sie sie dann auf sein Gesicht, was der Mann mit einem wohligen Seufzen kommentierte. Die Tänzerin war zufrieden, offenbar war sie auf dem richtigen Weg. Der Mann hatte gut bezahlt, und sie wusste, dass fast jeder Mann sie vor allem wegen ihrer Brüste schätzte. Sie drückte sich im weiter entgegen, er ruderte mit den Armen, winkte ausgelassen, und seine Freunde johlten und feuerten ihn an. Sie tranken, gaben einen Toast auf den Freund zum besten und riefen nach weiteren Mädchen.

Die Tänzerin mit den großen Brüsten wollte aber noch nicht abgelöst werden. Sie spekulierte auf ein paar weitere

Scheine und legte sich noch mehr ins Zeug. Nun stemmte der Mann sich ihr sogar entgegen – und sie erwiderte das Spiel. Wieder winkte er, und dann wurden die Bewegungen langsamer. Viel zu spät merkte sie, dass er nur noch schlaff im Stuhl hing. Wohl schon zu betrunken, um ihre Show gebührend zu würdigen. Doch als sie sich von dem Mann löste, war er nicht eingeschlafen, sondern sie hatte ihn zwischen ihren gigantischen Brüsten erstickt.

PANNE IM WALD

Ein Student war eines Nachts zusammen mit der Freundin eines Kommilitonen im Auto unterwegs. Ein kleiner Seitensprung, heimliche Zweisamkeit ohne Zeugen am Rand eines kaum befahrenen Waldwegs.

Unter Lachen und Küssen verflog die Zeit, der Freund des Mädchens war fern, und schließlich lagen sie nackt beieinander und scherzten darüber, wie das wackelnde Auto in der Nacht wohl auf einen einsamen Jogger gewirkt hätte, wenn denn ein solcher des Weges gekommen wäre. Irgendwann aber wurde es Zeit, und sie schlüpften in ihre Kleidung, um zurück in die Stadt zu fahren. Doch es war wie verhext – das Auto wollte nicht mehr anspringen. Dummerweise waren beide nicht gerade versiert im Umgang mit Autos, und so mussten sie nach einem gescheiterten Versuch, den Wagen durch Anschieben zum Starten zu bewegen, einsehen, dass sie Hilfe würden holen müssen. Der junge Mann hatte beim Herweg vier, fünf Kilometer entfernt eine Nachttankstelle gesehen. Von dort aus wollte er die Pannenhilfe informieren. Das Mädchen wollte nicht allein zurückbleiben, doch sie sah ein, dass sie mit ihren hohen Absätzen doppelt so lange brauchen würden. Barfuß zu gehen kam für sie nicht in Frage.

Der junge Mann beruhigte sie. Gewiss würde nachts im Wald niemand unterwegs sein. Aber wenn sie auf Nummer Sicher gehen wolle, könne sie sich ja auf die Rückbank unter eine Decke legen. Dort würde sie gewiss nicht gesehen werden. Er würde sich beeilen; sie aber solle auf alle Fälle im Auto bleiben, egal, was sie hören würde. Sie kenne ja diese Horrorfilme – wer sonderbaren Geräuschen folgen würde, der sterbe immer.

Sie lachte zum Abschied, schalt ihn einen Dummkopf. Doch als er fort war und die Stille immer raumgreifender wurde, wuchs ihre Panik mit jedem Atemzug. Kaum war ihr Begleiter fünf Minuten weg, kroch sie unter die Decke. Weitere fünf Minuten später schien ihr die Rückbank nicht mehr sicher genug, und sie legte sich in den Fußraum hinab, wo sie im Schatten nicht zu sehen sein würde. Das hoffte sie zumindest.

Ihr Begleiter kam nicht zurück. Die Minuten zogen dahin, und nichts war zu hören, als die normalen nächtlichen Geräusche eines Waldes, die dumpf durch die geschlossenen Scheiben drangen. Fünf Kilometer hin, fünf Kilometer zu Fuß zurück, falls er keine Hilfe finden konnte. Sie musste sich gedulden. Sie wartete. Und wartete. Und wartete. Doch er kam einfach nicht zurück.

Irgendwann hörte sie ein sonderbares Geräusch auf dem Dach, das sie nicht einordnen konnte. Der Wagen wackelte kurz, ganz sachte nur. Dann kehrte wieder Stille ein. Vielleicht war ein kleinerer Ast von einem Baum gefallen oder ein Tier über das Dach gehuscht. Alles nicht so schlimm, redete sie sich ein. Und wartete weiter.

Und dann begann das Tropfen, leise, kaum wahrnehmbar und unregelmäßig. Aber beständig. Drip. Drip-drip. Drip. Drip. Drip-drip-drip ... Drip. Sie wusste nicht, was es war, doch sie starb fast vor Angst. Sie bewegte sich nicht, verkrampfte unter der Decke und wartete.

»Ich bin nicht da«, betete sie sich im Geiste vor.

»Ich bin ganz klein. Niemand wird mich sehen.«

Die ganze Nacht hörte sie das Tropfen und wartete. Längst hatte sie jedes Gefühl für Zeit verloren. Ihr Begleiter aber kehrte nicht zurück. Sie wagte nicht, das Auto zu verlassen, nicht einmal, unter der Decke hervorzuschielen.

Schließlich wurde das Tropfen seltener, und die erwachenden Vögel mischten sich mit ihrem Zwitschern unter das penetrante Geräusch. Als das erste Tageslicht sich langsam durch die dünne Decke abzeichnete, hörte sie endlich ein Auto den Weg entlang kommen, dann neben ihrem

Wagen halten. Eine Türe wurde geöffnet und zugeschlagen. Dann hörte sie eine fremde Stimme.

»Ist da jemand in dem Auto?« Und dann wieder.

Vorsichtig schielte sie unter der Decke hervor und erkannte eine Polizeiuniform. Erleichtert kroch sie heraus und stieg aus. Der Beamte versprach, sie nach Hause zu bringen, und er führte sie zu seinem Wagen hinüber. Sie sollte nur keinesfalls zu ihrem Auto zurückschauen. Verwundert sah sie ihn an, wollte schon einen Scherz zum besten geben, um ihrer Erleichterung Ausdruck zu verleihen. Doch der Polizist blieb ernst und deutete auf seinen Wagen.

»Steigen Sie ein, junge Frau. Steigen Sie einfach ein.«

Als sie sich in das Auto fallen ließ, glitt ihr Blick dennoch und wie von selbst zu dem Wagen hinüber. Und sie erstarrte.

Auf der Dachantenne des zurückgelassenen Autos war der abgeschlagene Kopf ihres Geliebten aufgespießt, dem letzte Reste von Blut noch immer aus dem Hals tropften.

SEXBESESSENER SHERIFF

Vor den Toren einer kleinen Studentenstadt in den USA lag ein Wäldchen mit einer Lichtung, die von jungen Leuten als Treffpunkt für zweisame Stunden genutzt wurde. Und so vergnügten sich dort regelmäßig Pärchen in geparkten Autos oder Zelten, in sicherem Abstand von den Eltern daheim und vor unliebsamer Entdeckung geschützt.

Eines Abends nun nahm der Sheriff seinen neuen Deputy mit hinaus, um ihm den Platz zu zeigen. Und tatsächlich standen zwei Zelte zwischen den Bäumen, an unterschiedlichen Seiten der Lichtung. Der Deputy steckte nun, gemäß den Anweisungen seines Vorgesetzten, seinen Kopf in eines der Zelte, aus dem eindeutige Geräusche drangen. Dann erklärte er den beiden Jugendlichen darin, dass sie jetzt wirklich in Schwierigkeiten steckten, sowohl vor dem Gesetz als auch vor ihren Eltern, bei denen er sie jetzt abliefern werde. Einer Panik nahe bot der Junge stotternd alles Geld, das er bei sich trug, wenn sie nur ungeschoren davonkämen.

»Soso, jetzt kommt also noch ein Bestechungsversuch dazu ...«, nickte der Deputy gewichtig und erklärte mit süffisantem Lächeln, es gebe für die beiden nur einen Ausweg aus der prekären Situation. Langsam taxierten seine Augen das nackte junge Mädchen. Und dann kroch er ganz in das Zelt. Der Junge starrte den Deputy fassungslos an, und das Mädchen wimmerte nur leise, wehrte sich aber nicht.

Nachdem der Deputy seinen Spaß gehabt hatte, stieg er grinsend zu seinem Vorgesetzten heraus, der zufrieden nickte. »Ich sagte doch, es klappt jedes Mal.«

Dann knöpfte er seine Hose auf und stieg seinerseits in das Zelt. Noch bevor er aus den Boxershorts geschlüpft war, warf er einen gierigen Blick auf das Mädchen, und erkannte in ihr seine eigene, fünfzehnjährige Tochter.

DIE ZIGARETTE DANACH

Ein junges Paar fuhr mit dem Zug quer durch Großbritannien. Es war recht spät am Abend und der Großraumwagen relativ leer. Die beiden frisch Verliebten waren eine Zeit lang getrennt gewesen, und so küssten sie sich leidenschaftlich und ausgiebig.

Im Lauf der Zeit vergaßen sie, wo sie sich befanden. Aus den Küssen wurden intime Berührungen, ihre Zungen fanden Brüste, Penis und Scham des anderen. Auch wenn die meisten Mitreisenden die beiden nicht sehen konnten, war das Paar doch im ganzen Wagen zu hören. Die ersten Fahrgäste beschwerten sich beim Personal des Zugs, doch die Beschwerden wurden ignoriert. Nunmehr blind vor Leidenschaft kniete sich der Mann zwischen die Beine seiner Freundin und drang in sie ein. Erste entrüstete Mitreisende verließen den Wagen, andere schielten, verschämt aber erregt, zu den jungen Leuten hinüber. Diejenigen, die das Abteil verließen, beschwerten sich nun umso dringlicher bei den Zugbegleitern, doch niemand griff ein.

Schließlich sank das Paar erschöpft auf den Sitzen zusammen. Sie kuschelten sich aneinander, und als ihnen wieder bewusst wurde, wo sie sich befanden, wurden sie rot und lachten prustend hinter vorgehaltenen Händen.

»Ganz schön gewagt«, flüsterte die junge Frau, rückte ihre Kleider zurecht und fischte in ihrer Tasche nach den Zigaretten, während sie die Nase in den verstrubbelten Haaren ihres Freundes versenkte.

»Willst du auch?«, fragte sie leise, und zündete sich die berühmte Zigarette danach an. Der junge Mann nickte.

Doch kaum hatten sie die ersten Züge genommen, eilte der Schaffner herbei. Das Rauchen sei hier nicht gestattet, man störe die Mitreisenden und habe es umgehend einzustellen.

UNANGENEHMER SCHECK

Ein Angestellter in Neuseeland entdeckte in einem Männermagazin eine Anzeige für Hardcore-Pornos. Die Filme schienen wirklich außergewöhnlich interessant und auch nicht übermäßig teuer, und so beschloss er, einen Streifen dieser kleinen Firma auszuprobieren. Er schickte seine Bestellung ab und leistete die geforderte Vorkasse.

Gute drei Wochen musste er warten, dann kam ein überraschendes und enttäuschendes Antwortschreiben. Die Firma erklärte darin, dass sie die Filme aufgrund rechtlicher Schwierigkeiten nun doch nicht in Neuseeland vertreiben dürfe. Man bedauere dies sehr, wolle aber gegen kein Gesetz verstoßen, zöge das Angebot daher zurück und hoffe, man sei nicht allzu erzürnt über die Unannehmlichkeiten und vergeblich geweckten Hoffnungen. Die Firma hatte die Angelegenheit juristisch korrekt abgewickelt, dem Schreiben lag ein Scheck über den schon gezahlten Betrag bei.

Und doch reichte er diesen niemals bei seiner Bank ein, wie auch eine ganze Reihe anderer leer ausgegangener Besteller. Ein jeder von ihnen verzichtete lieber auf ein paar Pfund, als bei seiner Bank einen Scheck der *Anal Sex And Sodomy Company* einzulösen. Und so wurde die Firma reich, ohne dass sie je einen Film auf den Markt gebracht hätte – und ohne wegen Betrugs belangt zu werden.

MORGENDLICHE ERINNERUNGEN

Ein junger Mann hatte Schule und Ausbildung beendet, lebte aber noch bei seinen Eltern. Auch wenn er längst volljährig war, hatten die Eltern selbstverständlich immer noch täglich gute Ratschläge parat und konnten sich Vorschriften und erzieherischen Tonfall nicht so leicht abgewöhnen. Durchsetzen aber konnten sie sich längst nicht mehr in jedem Punkt. So war es auch an diesem Abend. Obschon er am nächsten Morgen ein wichtiges Bewerbungsgespräch hatte, konnte die Mutter ihn nicht von seinem abendlichen Date abbringen. Nur mit Müh und Not rang sie ihrem Sohn das Versprechen ab, nicht zu spät nach Hause zu kommen.

Doch der Abend verlief allzu fantastisch. Seine Verabredung sah blendend aus, roch verlockend, tanzte wie eine junge Göttin, war nicht auf den Mund gefallen und – nicht ganz unwichtig – schien ihrerseits auch Gefallen an ihm gefunden zu haben. Der junge Mann dachte also nicht im Entferntesten an eine frühe Heimkehr. Im Gegenteil, sie verließen den Club gemeinsam nach Mitternacht, und die Frage »zu dir oder zu mir« war schnell geklärt. Sie lebte allein und lud ihn auf den obligatorischen Alibi-Kaffee ein.

Die Tassen waren noch halb voll, als die beiden kaum mehr bekleidet auf ihr Bett fielen. Der Sex war gut, sie harmonierten auch dabei perfekt miteinander, und sie hatten beide lange genug gedarbt, um einiges an Energie und Lust aufgestaut zu haben.

Gegen vier gelang es dem jungen Mann schließlich, sich losreißen – was er aufrichtig bedauerte. Er musste um acht aufstehen, und wenn er jetzt fuhr, blieben ihm wenigstens noch etwa drei Stunden Schlaf. Sie grinste, wünschte ihm Glück für das Bewerbungsgespräch und gab ihm als Talisman ihren Slip mit, damit er an sie denken könne und sich morgen im Gespräch genauso gut machen werde wie eben.

Lachend stopfte er sich die Wäsche in die Hosentasche, küsste sie und versprach, sich bald wieder zu melden.

Nach einer kurzen Nacht riss ihn der Wecker aus den schönsten Träumen, und er erwachte mit einer Erektion. Ein Schlag auf den Ausknopf ließ das penetrante Piepsen verstummen. Seufzend fingerte er den Slip aus der neben dem Bett liegenden Hosentasche und ließ sich wieder ins Kissen sinken. Fünf Minuten hatte er noch. Er schloss die Augen, legte sich den Slip auf die Nase und sog mit dem Duft die Erinnerung an die vergangene Nacht ein. Versunken streichelte er sein Glied und durchlebte die Ereignisse der vergangenen Nacht ein zweites Mal.

Schließlich hob er befriedigt den Slip vom Gesicht, um sich für die Säuberungsaktion ein Taschentuch vom Nachttisch zu greifen. Doch mitten in der Bewegung verharrte er. Auf seinem Nachttisch, direkt neben der Packung Taschentücher, stand eine Tasse dampfenden Tees. Seine Mutter musste ihn gerade unbemerkt hereingebracht haben, damit er auf keinen Fall das Vorstellungsgespräch verpassen würde.

HEIßER SEX

Ein Student fuhr mit seiner Freundin eines Abends aus der Stadt, zu einer einige Kilometer entfernten menschenleeren Bodenerhöhung. Dort setzten sie sich auf die Wiese und beobachteten den Sonnenuntergang. Es wurde dunkel, und die Lichter der Stadt leuchteten friedlich in der Ebene unter ihnen. Frischer Wind kam auf, und in der Ferne grollte der Donner. Die beiden kuschelten sich aneinander und küssten sich leidenschaftlich.

Schon bald lagen sie im Gras und hatten sich der Kleider entledigt. Der Wind wurde heftiger, der Donner rückte näher, und die beiden ließen sich von der aufgewühlten Natur nur noch weiter anstacheln. Kaum brachten sie die Geduld auf, ihm das Kondom überzustreifen. Doch endlich drang er mit einer mächtigen Erektion in sie ein. Ihre Hände kratzten über seinen Rücken, und er stöhnte ihr unanständige Worte ins Ohr.

Mit einem Mal wurde es taghell um sie. Ein Blitz hatte sich entladen und in den höchsten Punkt der Erhebung eingeschlagen. Und dieser höchste Punkt war der auf und ab stoßende Hintern des jungen Mannes. Direkt durch ihn hindurch, durch seine Freundin, in den Boden. Wie durch ein Wunder überlebte der Student, doch sein Penis schmerzte, als stehe er in Flammen. Instinktiv wollte er ihn aus seiner Freundin zerren, doch er steckte fest. Die Hitze des Blitzes hatte das Latex des Kondoms mit seiner und ihrer Haut verschmolzen.

»Hilf mir«, jammerte er und sah seiner Freundin in die Augen. Sie starrte leblos zurück. Tot. Er schrie in Panik und packte sie bei den Hüften, um sich aus ihr zu befreien. Doch er hatte keine Chance. Sein Magen rumorte, und er erbrach sich direkt in ihr Gesicht. Wieder und wieder würgte er, wieder und wieder hob er vergeblich seinen Hintern, bis er schließlich weinend aufgab. Leise wimmernd lag er auf ihr und hoffte, der Tag werde anbrechen.

Dann hörte er das Geräusch tapsender Pfoten, und ein Bär tauchte in seinem Blickfeld auf. Der Geruch der halb verdauten Burger hatte das Tier angelockt. Der junge Mann erstarrte, der Bär kam heran und begann, das Erbrochene aus dem Gesicht des Mädchens zu lecken. Langsam und genüsslich. Dann fuhr er mit der Zunge über den Mund des Studenten, konnte dort aber außer ein paar Speichelresten im Mundwinkel nichts Erbrochenes finden. Er brummte enttäuscht und trottete von dannen.

Erst am nächsten Mittag wurde der Wagen des jungen Mannes entdeckt, und kurz darauf auch er selbst. Bewusstlos lag er auf seiner toten Freundin. Es gelang den Medizinern, die beiden in einer zweistündigen Operation zu trennen. Und auch, wenn der Körper des Mannes wieder völlig hergestellt werden konnte, eine Erektion brachte er nie wieder zuwege.

ERWISCHT BEIM »FENSTERLN«

»Fensterln« nennt man eine in Teilen von Bayern und Österreich beliebte nächtliche Beschäftigung junger Männer, deren Angebetete noch bei den Eltern wohnt. Nachts schleichen sie sich auf deren Hof und klettern über eine Leiter an das Fenster der jungen Frau, klopfen, und hoffen darauf, eingelassen zu werden. Und darauf, dass niemand sonst bei dieser Aktion geweckt wird.

In einem kleinen Dorf am Fuß der Alpen hatten ein paar Freunde fröhlich gebechert und waren auf dem Weg nach Hause. Da beschloss einer von ihnen, ein 19-jähriger Heißsporn, noch bei seiner Angebeteten »fensterln« zu gehen. Der Alkohol hatte ihm Mut gemacht, und der ganze Hof ihrer Familie schien zu schlafen, kein Fenster war erhellt.

Das Fenster seiner Flamme nun lag direkt über der Garage, und neben dieser stand eine alte Kastanie, er brauchte also nicht einmal eine Leiter. Mühsam hangelte er sich an einem herabhängenden Ast in die Krone des Baumes, riss dabei kleine Ästchen und Blätter ab. Von dort ließ er sich auf das flache Dach der Garage fallen. Sein Aufprall schallte dumpf durch die Nacht. Schnaufend sah er sich um, und da bemerkte er, dass inzwischen das Licht im Zimmer der Eltern angegangen war, und auch im Erdgeschoss direkt neben der Garage. Ein heiserer Hund begann zu bellen.

Der junge Mann war beileibe kein Angsthase, doch von dem Vater seiner Angebeteten hieß es, er liebe sein Schrotgewehr mehr als seine Frau, und er gebrauche es auch häufiger. In einer einzigen Sekunde hatte er seine Flucht beschlossen. Der Vater war cholerisch, das Dorf konservativ und klein, würde er erwischt, wäre seine Angebetete unangenehmem Gerede ausgesetzt. Er sprang vom Dach der Garage, für den Umweg über den Baum blieb keine Zeit.

Doch genau in diesem Moment trat der Vater aus der

Garage. Mit Schwung stieß er ihre zwei Flügeltüren auf, um nach dem Rechten zu sehen. Der junge Mann aber landete nun direkt auf einer der Türen. Das eine Bein links, das andere rechts, prallte er mit seinem Geschlecht direkt auf die obere Kante, von dort plumpste er zu Boden. Er schrie seinen Schmerz in die Nacht und weckte damit den ganzen Hof und fast das halbe Dorf.

Der Vater sah davon ab, ihn zu verprügeln, der junge Mann war schon gestraft genug. Er hatte sich mit seinem Sprung selbst kastriert.

KAPITEL 6

LIEBE UND BEZIEHUNG

Von *Sex* ist es bis zu *Liebe und Beziehung* kein weiter Weg, und von einer Beziehung zu einer Trennung auch nicht. Liebe ist nicht immer gleichbedeutend mit Glück; schon gar nicht in modernen Sagen. Sowohl die Gefühle füreinander als auch der geliebte Mensch können verloren gehen. Verlustangst ist insofern ein zentrales Thema der in diesem Kapitel gesammelten Erzählungen, Eifersucht ein zweites. Eifersüchtige und auch besessen Liebende handeln immer wieder irrational oder gegen die Norm, so wie es Berauschte tun oder, und ich weiß, dass ich mich wiederhole, Psychopathen.

GESTÄNDNIS IM KRANKENHAUS

Im Dezember 1993 musste die schwangere Frau eines in Fulda stationierten US-Soldaten ins Krankenhaus, es gab Komplikationen mit ihrer Schwangerschaft. Ihre Ehe war schon längere Zeit zerrüttet. Sie hatte ihren Mann um die Scheidung gebeten, er sie immer wieder um einen Neubeginn – doch vor wenigen Tagen hatte er schließlich in die Trennung eingewilligt.

Bislang hatte sie ihm noch nichts von ihrem Geliebten erzählt, doch nun, da die Trennung beschlossene Sache war, wollte sie die Ehe wenigstens nicht mit Lügen beenden. Sie nahm ihren Mut zusammen und erzählte ihrem Mann alles, was sie ihm in den vergangenen Jahren verschwiegen hatte.

Ihr Mann kannte den Namen des Liebhabers seiner Frau sehr gut, es war ein anderer GI, den er für seinen Freund gehalten hatte. Zudem sei das ungeborene Kind von ihrem Geliebten. Er habe ja schließlich niemals Zeit für sie gehabt und sie immer alleine gelassen, verteidigte sie ihr Verhalten vor ihm und vor sich selbst.

Ihr Mann wurde bleich. Er sprang wortlos auf und verließ ihr Zimmer, als sei er auf der Flucht. Erschöpft, traurig und zugleich erleichtert, endlich reinen Tisch gemacht zu haben, blieb die Frau allein zurück. Sie versuchte ihren Geliebten anzurufen, konnte ihn aber nicht erreichen.

Drei Stunden später rief er sie von einer Telefonzelle an, erkundigte sich nach ihrem Befinden und erzählte ein paar belanglose Kleinigkeiten. Als sie ihm berichten wollte, dass sie ihrem Mann alles gestanden hatte, war die Leitung plötzlich tot. In ihrem Zustand unfähig, der Sache nachzugehen, blieb ihr nur zu hoffen, er werde wieder anrufen. Sie legte auf und hob dann probeweise den Hörer kurz an ihr Ohr. Das Freizeichen ertönte, die Gesprächsunterbrechung war wohl nicht durch ihren Anschluss verursacht worden.

Eine halbe Stunde verging, doch der Geliebte meldete sich noch immer nicht. Da wurde die Tür ihres Zimmers aufgerissen, und ihr Mann stürmte hinein. Er sah furchtbar aus, das verzerrte Gesicht zeugte von inneren Qualen; er atmete heftig, und auf seinem Hemd entdeckte sie ein paar rostbraune Flecken. Blut, schoss es ihr durch den Kopf. Er selbst schien unverletzt, hielt eine ausgebeulte Sporttasche in der Hand und fixierte sie mit flackerndem Blick. Ein Blick, der ihr Angst machte. Er griff in seine Sporttasche, und sie zuckte zusammen. Plötzlich war sie sich sicher, er würde eine Waffe ziehen. Er würde sie töten, sie und ihr Kind.

»Nicht!«, rief sie, »bitte nicht!«

Doch er zog keine Waffe. Mit zitternden Händen holte er den abgetrennten Kopf ihres Geliebten aus der Tasche und hielt ihn ihr entgegen.

»Da hast du ihn, jetzt kannst du immer mit ihm schlafen, du kannst ihn überall hin mitnehmen, du wirst nie wieder allein sein.«

Speichelflocken flogen aus seinem Mund, seine Stimme war hoch und schrill.

Und sie schrie, schrie und schlug noch immer ziellos um sich, als die ersten Krankenschwestern hereinstürzten, alarmiert von dem Lärm. Ihr Mann saß noch immer zu ihren Füßen auf dem Bett, wippte sacht mit dem Oberkörper vor und zurück und hatte den abgetrennten Kopf so auf dem Nachttisch platziert, dass die toten Augen des GI seiner Frau direkt ins Gesicht starrten.

DER LETZTE KUSS

Eines Tages fiel ein Mann unglücklich vor einen einfahrenden Zug. Er konnte sich noch zur Seite werfen, so dass er nicht frontal überfahren wurde, doch er war zu langsam, um sich noch den Bahnsteig hochzuziehen, und so wurden seine Beine zwischen Bahnsteig und Zug eingeklemmt. Erst wurden sie zwischen die Räder des Zuges gezogen, dann der Unterleib, so dass nur noch der Oberkörper, die Arme und der Kopf sichtbar blieben. Fünfzig oder hundert Meter wurde er über den Bahnsteig mitgeschleift, bevor der Zug endgültig zum Stehen kam.

Überraschenderweise lebte der Mann noch, die Wunden an Armen und Oberkörper waren nicht lebensgefährlich. Der restliche Körper wurde von der Lok praktisch zusammengehalten, doch sobald der Mann befreit werden würde, würde sein Körper auseinander fallen, seine inneren Organe sich quer über die Schienen verteilen, und in spätestens einer Minute hätte der Mann sein Leben ausgehaucht. Kein Mediziner der Welt konnte ihn retten, und ewig konnte er auch nicht an der Seite der Lokomotive hängen bleiben.

Das Gleis wurde gesperrt, und man rief seine Frau aus dem Geschäft, dass die beiden noch einige Minuten miteinander verbringen konnten. Die Gaffer hinter der Absperrung starrten hinüber, die beiden sprachen ein paar Sätze, dann schwiegen sie. Es gab in der Situation nicht viel zu sagen. Sie drückte seine Hand, küsste ihn zum endgültigen Abschied. Dann riefen sie die Sanitäter, die den Mann aus seiner Lage befreiten, und während seine Frau tränenüberströmt seine Hand hielt, floss das Leben aus dem Verunglückten, der sich um ein letztes schmerzverzerrtes Lächeln bemühte.

DIE VERSCHWUNDENE BRAUT

Ein frisch verheiratetes Paar verbrachte seine Flitterwochen in Paris. Eines Abends speisten sie in einem kleinen Restaurant in Montmartre. Die Frau verschwand irgendwann lächelnd auf der Toilette und kehrte nicht mehr zurück. Mit jeder Minute, die verstrich, sorgte der Mann sich mehr um sie. Vielleicht war ihr übel geworden oder es war ihr etwas zugestoßen. Schließlich bat er die Kellnerin, nach seiner Frau zu sehen – er selbst könnte ja schlecht auf die Damentoilette gehen. Sie versprach, sich sofort darum zu kümmern, doch sie konnte die Frau nicht finden.

Der Mann war nun wirklich beunruhigt, wartete aber noch ein paar Minuten ab – vielleicht hatte die Kellnerin sie übersehen oder seine Frau war doch nur kurz Luft schnappen gegangen, ohne dass er es bemerkt hatte? Dann hielt er es nicht mehr aus und rief die Polizei. Doch die Gendarmen fanden keine Spur seiner Gattin, auch nicht den leisesten Hinweis, dass ein Verbrechen stattgefunden haben könnte. Der verantwortliche Beamte vermutete mit routiniert gespieltem Mitleid, die Frau habe es sich wohl noch einmal überlegt mit der Ehe und sei nun abgehauen und untergetaucht. Irgendwann würde der Mann gewiss wieder von ihr hören, so etwas passiere hin und wieder.

Doch der Mann hörte nichts von ihr. Wochen vergingen, Monate, schließlich Jahre. Und irgendwann gab er die Hoffnung auf, sie je wieder zu sehen. Doch vergessen konnte er sie nicht. Er litt unter Depressionen, verlor jeden neuen Job binnen weniger Monate und zog rastlos durch die Welt, nicht fähig, sich neu zu binden.

Jahre später nahm er eine Stelle in Bangkok an, weit unter seiner Qualifikation und ohne die Landessprache richtig zu beherrschen. Dort entdeckte er bei einem seiner Streifzüge durch das Nachtleben eine höchstens halb legale

Freakshow im Hinterhof eines berüchtigten Bordells. Mit der ihm eigenen Mischung aus Neugier und Desinteresse an allem betrat er die Freakshow, um sich die Zeit zwischen Bier und einer Prostituierten zu vertreiben. In einem der Käfige sah er eine bemitleidenswert verkrüppelte Frau, mit Narben übersät und mit völlig verdrehten Gliedmaßen. Als er ihr aber ins Gesicht sah, erkannte er die Augen seiner verschwundenen Ehefrau und die zwei Muttermale links neben der Nase. Und sie erkannte ihn, wie ein Aufleuchten in ihrem Blick verriet. Doch er hatte nicht genug Geld bei sich, um sie sofort aus den Händen ihrer Peiniger freizukaufen.

Als er jedoch nach kurzer Zeit mit der Polizei im Schlepptau zurückkehrte, war die Freakshow verschwunden. Und niemand wollte von ihr gehört haben, geschweige denn wissen, wohin sie weiter gezogen war.

EIN SELTSAMES MÖBELSTÜCK

Ein Mann Anfang 30 verlor seine Ehefrau, deren Gesundheit von Geburt an schwach gewesen war. Und auch wenn sich ihr Tod seit Monaten angekündigt hatte, brach ihm der Verlust das Herz, und er wollte sich einfach nicht damit abfinden, dass er ihren warmen Körper nie mehr in den Armen halten, nie wieder ihre Stimme würde hören können. Also ging er am Tage ihres Ablebens zu den Behörden und erkämpfte sich eine Sondererlaubnis, sie nicht auf einem normalen Friedhof beerdigen zu müssen, sondern ihren Leichnam bei sich zu Hause zur letzten Ruhe betten zu dürfen.

Doch das bedeutete nicht, dass er sie im eigenen Garten zu begraben plante; er wollte sie weiterhin gut sichtbar bei sich haben. Und während seine Frau in einem Kühlfach einer nahe gelegenen Uniklinik einige Tage konserviert wurde, ließ er sich ein spezielles Sideboard aus Glas für sein Wohnzimmer anfertigen. Es war eine teure Sonderanfertigung, für die er sein gesamtes Erspartes zusammenkratzen musste, doch sie erfüllte ihren Zweck. In das Glas wurde die Leiche seiner Frau eingebettet, luftdicht konserviert und geschützt vor dem natürlichen Zerfall – eingefroren bis in alle Ewigkeit, oder zumindest, bis das Glas dem Zahn der Zeit zum Opfer fallen würde.

Und so ruhte die Frau nun für jeden sichtbar im Wohnzimmer des jungen Witwers, dem dieses makabere Möbel den Tod seiner Frau erträglich machte. Doch hatte er nun nicht nur sie verloren, sondern auch eine Reihe von Freunden und Bekannten, die ihn wegen des Sideboards für verrückt erklärten und nichts mehr mit ihm zu tun haben wollten.

KAPITEL 7

DIE LIEBEN KLEINEN

Trotz der Überschrift gilt: Besonders lieb sind Kinder in modernen Sagen selten; und auch ihre Eltern erinnern oft an die klassischen bösen Stiefeltern aus den Märchen. Während die Eltern meist durch Verantwortungslosigkeit auffallen, schaden die Kinder ihren Mitmenschen häufig aus Versehen oder weil sie Aussagen und Verhalten von Erwachsenen zu ernst nehmen, auf ihre Art interpretieren oder nachahmen. Sie wissen es einfach nicht besser, wie das dreijährige Mädchen, das ihren kleinen Bruder mitsamt der nassen Windel in den Trockner gesteckt haben soll.

Doch manchmal sind Kinder auch einfach nur wehrlose Opfer für den dummen Zufall oder einen jener unzähligen Psychopathen der modernen Sagenwelt.

NUR NOCH EINE CD

An einem herrlichen Sommertag nahm eine junge Mutter ihr zehn Monate altes Baby mit zum Einkaufen in die Stadt. In jedem Geschäft trug sie es im Tragetuch bei sich, doch als sie auf dem Weg nach Hause noch einmal schnell eine CD kaufen wollte, parkte sie das Auto kurzerhand im Schatten und ließ das Kind für wenige Minuten allein zurück. Das Fenster an der Beifahrertüre hatte sie einen Spalt weit geöffnet, um die frische Juliluft ins Innere zu lassen.

Doch im Geschäft lief alles anders als erwartet. Die CD war nicht im Regal, aber der zuvorkommende Verkäufer schaute schnell ins Lager, wo er noch Exemplare des gesuchten Titels vermutete. Er fand auch das Gewünschte, und kurz bevor er wieder kam, traf die Frau eine Schulfreundin, die sie drei Jahre nicht gesehen hatte. Die beiden hielten ein gemütliches Schwätzchen, das ein paar Minuten dauerte. Dann klingelte ihr Handy. Ihr Mann fragte, ob sie noch ein Geschenk für einen gemeinsamen Freund besorgen könne, der am Abend Geburtstag feierte. Er selbst käme später als geplant aus dem Büro, der Chef hätte kurzfristig ein wichtiges Meeting anberaumt. Eine CD wäre klasse, ideal, dass er sie gerade jetzt angerufen hatte – und er nannte ihr verschiedene Filmmusiken, die der Freund nicht besaß. Als die Frau sich endlich entschieden hatte, war die Schlange an der Kasse erstaunlich lang, ein neuer Mitarbeiter hatte seinen ersten Tag und noch ein paar Probleme.

Über eine halbe Stunde hatte sie im Laden verbracht, und als sie zurück kam, stand ihr Wagen in der prallen Sonne und hatte sich stark aufgeheizt. Ihr Baby saß noch immer fest angeschnallt auf seinem Platz, doch es rührte sich nicht mehr. Die Hitze hatte es wie in einem Backofen getötet.

URLAUB VOM BABY

Ein junges Paar wollte zum ersten Mal nach der Geburt seines Kindes wieder alleine in den Urlaub fahren. Zwei Wochen im August hatten die jungen Eltern ausgewählt, um einfach auszuspannen und etwas Zeit für sich zu haben. Die Tante der Frau hatte schon oft für sie Baby gesittet und sich auch gerne bereit erklärt, dies einmal für längere Zeit zu übernehmen. Sie war eine freundliche Dame Mitte 60 im Ruhestand. Seit dem Tod ihres Mannes war sie froh, die Stille in ihrem Haus durch Kinderlachen zu ersetzen und hatte sich zudem immer rührend um das Baby gekümmert.

Am Tag der Abfahrt aber erschien sie nicht zum verabredeten Zeitpunkt, und die Eltern wurden unruhig. Sie hatten die Zeit wie immer knapp kalkuliert, und der Abflugtermin ihres Fliegers rückte stetig näher. Nach einer halben Stunde griffen sie endlich zum Telefon und riefen bei der Tante an. Diese entschuldigte sich vielmals für ihre Verspätung, ihre Uhr sei wohl stehen geblieben, aber sie springe sofort ins Auto und würde sich beeilen. Sie wäre sowieso gerade auf dem Weg nach draußen gewesen und schon fertig angezogen. In spätestens einer Viertelstunde wäre sie sicher da.

Das Paar beschloss, schon zum Flughafen zu fahren, da sie wirklich knapp in der Zeit lagen. Den Hausschlüssel würden sie unter der Mülltonne deponieren, teilten sie der Tante noch am Telefon mit. Ihr Baby, beruhigten sie sich selbst, lag ja friedlich in seinem umgitterten Bettchen und schlief. Es würde die 15 Minuten, die es alleine sein würde, gar nicht bemerken.

Als die Eltern zwei Wochen später zurückkehrten, fanden sie ihr Kind noch immer in dem Bettchen liegen. Es war tot und aufgequollen und mit Fliegen übersät. Die Tante hatte sich wirklich beeilt – zu sehr beeilt, um genau zu sein. Sie war von der Straße abgekommen, tödlich verunglückt und hatte niemandem mehr von dem einsamen Baby erzählen können.

DIE TALENTIERTE BABYSITTERIN

Die folgende Geschichte soll sich vor 30 oder 40 Jahren ereignet haben. Ein 15-jähriges Mädchen verdiente sich ihr Taschengeld mit Babysitten. Regelmäßig hütete sie den Jungen eines frisch verheirateten Ehepaars, der im Allgemeinen als schwer erträglich galt, und mit seiner unendlichen Energie und seinem ausdauernden Geschrei schon drei Babysitter innerhalb von zwei Monaten vertrieben hatte. Doch die Neue schien mit unglaublichem Talent gesegnet. Sie beklagte sich nie, dankte artig für ihren Lohn und immer, wenn die Eltern nach Hause zurückkehrten, schlief das Baby fest und brav.

Eines Abends jedoch hatte die Mutter ihre Brille vergessen, und weil sie sonst im Theater zu wenig gesehen hätte und sie zeitig aufgebrochen waren, kehrten die Eltern auf halben Weg um, um die Brille zu holen. Der Mann wendete schon mal das Auto vor der Tür, während seine Frau ins Haus eilte. Noch auf der Straße hörte sie gedämpfte Musik, und als sie die Tür öffnete, dröhnte ihr Rock'n'Roll in geballter Lautstärke entgegen. Irritiert begab sie sich auf die Suche nach der Babysitterin, um sie zur Rede zu stellen. Denn wie hätte das Kind bei dieser ohrenbetäubenden Lautstärke Schlaf finden können?

Sie folgte Elvis Presleys Gesang in die Küche, und da sah sie das lächelnde Mädchen, ihren kleinen Jungen im Arm. Die Babysitterin hielt ihr Kind in den offenen Ofen und ließ es das ausströmende Gas einatmen. Leise sang das Mädchen.

»Noch einmal einatmen, und mein süßer Junge schläft ... Tief und fest, tief und fest ...«.

Doch schon war die Mutter hereingestürzt, entriss dem überraschten Mädchen das Kind und feuerte die verantwortungslose Babysitterin auf der Stelle.

LEERE DROHUNGEN

Ein schüchterner Junge, der dem Windelalter schon längst entwachsen war, machte sich noch immer regelmäßig in die Hosen und trieb damit seine Eltern zur Verzweiflung.

Eines Tages stand er wieder einmal verlegen im Flur, die Augen zu Boden gerichtet und die Hose völlig durchnässt. Die Mutter verlor die Nerven. Sie schrie den Jungen vor den Augen seiner zwei Jahre älteren Schwester an. Das nächste Mal werde sie ihm seinen Pullermann abschneiden, dann hätte das ständige in-die-Hose-machen ein Ende. Leere Drohungen, wie sie wusste, und kurz darauf tat ihr der Wutausbruch auch schon wieder Leid. Doch das Gesagte schien bei dem Jungen auf fruchtbaren Boden zu fallen, eine Weile blieb die Hose trocken.

Ein paar Tage später kehrte die Mutter von ihren Einkäufen heim und fand ihre Tochter an der Türe vor. Das Mädchen erwartete sie, ein blutiges Küchenmesser in den Händen, als habe sie sich in die Finger geschnitten. Dennoch weinte sie nicht, sondern schien vielmehr höchst zufrieden mit sich und der Welt. Ihr kleiner Bruder, erklärte das altkluge Mädchen, habe wieder einmal in die Hosen gemacht. Aber sie solle sich keine Sorgen machen, er täte es bestimmt nicht mehr wieder.

Und mit einem viel sagenden Blick auf das Messer in ihren Händen und einer nicht geringen Portion Stolz berichtete das Mädchen, es habe genau das getan, was die Mutter für eine solche Situation vorgesehen hatte: dem Bruder den Pullermann abgeschnitten.

SCHÖNE BUNTE BÄLLE

Fast jeder kennt sie, jene Orte, an denen Eltern ihre Kinder zurücklassen können, wenn sie in Möbelhäusern einkaufen oder in Fast-Food-Ketten schlemmen. Jene Becken voll mit kleinen, bunten Plastikbällen hinter Plexiglas, welche in den meisten Fällen zudem mit einer Rutsche aus Hartplastik ausgestattet sind.

In ein solches Paradies für Kinder kletterte auch ein fünfjähriger Junge, dessen Eltern einen kurzen Imbiss zu sich nahmen und nur hin und wieder einen Blick auf ihr Kind warfen, der mit seinen Altersgenossen herumtollte. Als der Junge zu weinen begann, erkannte die Mutter sofort den quengelnden Ton ihres Sohnes und lief zum Eingang. Besorgt fragte sie, was er denn habe. Mehr als ein einfaches »Das tut weh« aber war nicht aus ihm herauszubekommen. Mit schwerer Leidensmiene zeigte der Junge dabei auf seinen Hintern. Die anderen Kinder beteuerten sofort, sie hätten nichts getan, wirklich nicht. Zwar glaubte die Mutter ihnen nicht unbedingt, aber eine schnelle Inspektion des Hinterteils ihres Sohnes ergab weder Kratz- noch Bissspuren oder sich andeutende blaue Flecken. Also dachte sie sich nichts weiter dabei, beruhigte ihr Kind und versprach ihm eine Kleinigkeit zum Trost.

Doch wieder zu Hause angekommen, hatte der Junge sich noch immer nicht richtig beruhigt. Er verhielt sich sonderbar, weinte immer wieder und wirkte krank. Also fühlte die Mutter ihm die Stirn, und weil sie tatsächlich heiß war, beschloss sie, richtig Fieber zu messen. Als sie dem Jungen das Thermometer in den Hintern steckte, fiel ihr ein kleiner Punkt auf der einen Backe auf, ganz so, als habe der Junge sich einen Splitter gefangen. Die Messung ergab tatsächlich eine erhöhte Temperatur. Doch noch ehe sie sich weiter um den Splitter hatte kümmern können, übergab sich ihr Kind und zitterte, wie unter Schüttelfrost. Während die Eltern noch überlegten, welchen Arzt sie jetzt rufen konnten, verdrehte der Junge bereits die Augen und kippte um. Schnell packten sie ihn und rasten ins Krankenhaus. Doch es war zu spät, selbst in der Notaufnahme konnte man nichts mehr für ihn tun. Der Junge verstarb noch in derselben Nacht.

Der vermeintliche Splitter in seinem Hintern stellte sich als abgebrochene Spitze einer Nadel heraus. Den Rest der Nadel und die dazugehörige Spritze entdeckte man im Lauf der folgenden Untersuchungen inmitten der Bälle des Spielparadieses. Darüber hinaus fanden sich noch mehrere halb gelutschte Bonbons, Spielzeugautos, halb vergammeltes Essen und ein abgebrochenes Messer. Der Junge musste sich versehentlich in die Spritze gesetzt haben, und er war an einer Überdosis Heroin verstorben.

PREMIERE AUF DER HERRENTOILETTE

Eine Mutter war mit ihrem kleinen Sohn in der Stadt einkaufen, als dieser plötzlich auf die Toilette musste. Sie nahm ihn an die Hand, um mit ihm auf eine öffentliche Damentoilette zu gehen. Der Junge aber schämte sich und sagte, er sei nunmehr groß genug, um sein kleines Geschäft allein zu verrichten, und zwar auf dem »Klo für Männer«. Lächelnd willigte die Mutter ein, stellte sich vor die Tür und wartete.

Nach drei Minuten kam eine Gruppe lachender und scherzender Jugendlicher heraus, die sich auf die Schulter klopften und sich über einen vor kurzem gemeinsam gesehenen Film zu unterhalten schienen, einen dieser grausigen Splatterstreifen. Sie schnitten Grimassen, stachen in die Luft wie mit Messern und verschwanden in Richtung Stadt. Die Mutter spitzelte durch die zufallende Tür in die Toilette und rief vorsichtig nach ihrem Sohn, doch so leise, dass er sie in einer Kabine wohl kaum gehört hätte. Er antwortete nicht, und sie hörte und sah auch nichts, bevor die Tür ins Schloss fiel, und wartete also weiter.

Ihr Junge machte alles sehr gewissenhaft und gründlich. Vielleicht hatte er Schwierigkeiten beim Händewaschen mit der zu hoch hängenden Seife oder dem Trockner. Schließlich aber wurde sie nervös und beschloss, nachzusehen. Sie überwand ihre Scheu, eine Herrentoilette zu betreten, öffnete langsam die Türe und rief erneut den Namen ihres Kindes, lauter diesmal und wieder ohne Erfolg.

Nun wirklich beunruhigt stieß sie die Türe auf und eilte hinein. Als sie ihren Sohn in einem hinteren Eck der Toilette fand, brach sie zusammen und übergab sich. Der Junge lag zusammengekrümmt auf den blutverschmierten Fliesen. Die kleine Kehle war durchtrennt, Penis und die Hoden abgeschnitten und ihm in den Mund gestopft worden. Was sie vor sich sah, war genau die Szene gewesen, die die Jugendlichen beschrieben hatten, und die die Mutter für einen Film gehalten hatte.

STUHLSPIELE

Der technische Fortschritt schreitet rücksichtslos voran, und so brachte das 20. Jahrhundert neben sinnvollen oder grauenvollen Erfindungen auch überflüssige Spielereien wie den elektrischen Eierköpfer hervor. Doch eins war allen Neuerungen gemeinsam, sie sollten auf dem Markt sein, bevor das Konkurrenzunternehmen ein vergleichbares Produkt herausbrachte. Und auch auf den umschmeichelten Kunden war Verlass. Wenn es nur richtig verpackt und penetrant beworben wurde, fand auch das Nutzloseste den einen oder anderen Käufer.

Sehr sinnvoll erschien einem Ehepaar ein Bürodrehstuhl mit stufenlos verstellbarer Sitzhöhe. Sie erstanden einen solchen für ihren zehnjährigen Sohn und warfen den bislang genutzten Holzstuhl auf den Sperrmüll. Der Junge war begeistert, alle paar Minuten griff er unter die Sitzfläche und bediente den Hebel, der ihn nach oben und unten fahren ließ. Versunken in sein »Fahrstuhl-Spiel« brauchte er täglich 15 Minuten länger für die Hausaufgaben. Sein Vater hatte ihm erklärt, der Stuhl funktioniere mit Druckluft im Bein, und der Junge liebte daraufhin »Druckluft«, auch wenn er nicht genau verstand, was das Wort bedeutete. Die Mutter ermahnte ihn, nicht auf dem Stuhl herumzualbern, er sei neu und solle noch länger halten, und so spielte der Junge nur noch, wenn er allein oder mit Freunden im Zimmer war.

Eines Tages entwickelte er mit einem Kameraden ein neues Spiel. Einer der beiden hob den Hebel an, der die Sitzfläche nach oben verstellte, und der andere musste mit dem Hintern voraus auf den Stuhl springen. Mit der eigenen Körperkraft sollte er so die Druckluft besiegen und den Stuhl möglichst schnell nach unten pressen. Doch schon der zweite Versuch beendete das Spiel sehr abrupt. Der

Junge warf sich mit voller Wucht auf den Stuhl, und die Druckluft reagierte wie Dynamit auf den überraschenden Gegendruck. Ein Bolzen der Motorik aus der Mitte des Stuhlbeins schoss nach oben, durchschlug die Sitzfläche, drang durch den After in den Jungen ein, jagte die Wirbelsäule entlang und durch das Gehirn wieder hinaus, bis er schließlich in der Zimmerdecke hängen blieb. Der Junge war sofort tot, sein Freund kam mit einem Schock ins Krankenhaus.

Die Firma wurde für den Vorfall nicht verantwortlich gemacht. Sie ersetzte den Eltern dennoch freiwillig den kaputten Stuhl und benannte sich um, um den Boykottaufrufen aufgebrachter Verbraucher zu entgehen. Erfolgreich, sie stellt heute noch immer Bürostühle mit der gleichen Technik her.

KAPITEL 8

RELIGION UND ÜBERNATÜRLICHES

Die modernen Sagen in diesem Kapitel haben eine lange Tradition. Berichte von Wundern oder Erscheinungen von Maria, Jesus oder diversen Gespenstern gibt es seit Jahrhunderten. Eine moderne Ausprägung dieses Typus sind die UFO-Sichtungen, die das übernatürliche Element durch eine überlegene Technologie ersetzt haben, in ihren Motiven aber ähnlich sind: helle Lichter, Erinnerungsverlust von Entführten, usw. Doch noch haben die Aliens die klassischen Geister nicht völlig abgelöst, die noch immer durch diverse Sagen spuken. Was an ihnen modern ist, ist meist der Ort, an dem sie auftauchen (es muss nicht immer ein schottisches Schloss sein ...) und die Art, wie sie zu Tode gekommen sind.

Doch nicht nur Geister und religiöse Erscheinungen sind unerklärliche Elemente der modernen Sage, auch Flüche und der Satan selbst haben ihren Auftritt. Und nicht zuletzt finden sich in diesem Kapitel auch moderne Sagen, die nur scheinbar übernatürliche Elemente beinhalten.

DIE BESORGTE MUTTER

Ein Ehepaar war spät in der Nacht noch mit dem Auto unterwegs. Sie waren allein auf der Straße, kein Licht weit und breit seit langem. Plötzlich aber schälte sich im Schein des Fernlichts eine menschliche Gestalt aus der Dunkelheit, die verzweifelt winkte. Der Mann bremste instinktiv, das Auto hielt.

Am Straßenrand stand eine Frau, Tränen rannen ihr die Wangen hinab. Sie erklärte in knappen, eindringlichen Worten, dass sie einen Unfall gehabt habe. Das Auto sei von der Straße abgekommen und gegen einen Baum geprallt. Nur ihr Baby lebte noch, sei aber im Auto gefangen.

Der Mann beruhigte sie, sie solle bei seiner Frau am Auto warten, er würde sich der Angelegenheit annehmen. Im schwachen Mondlicht stapfte er über das Feld zu dem Unfallort. Die Frau hatte Recht: Der Fahrer und die Beifahrerin waren tot. Reglos und blutüberströmt lagen sie im Fahrzeug, und der Mann war froh, all das nicht genauer sehen zu müssen. Auf der Rückbank wimmerte ein Baby, festgeschnallt in einem Kindersitz. Er löste den verklemmten Sitz mit Gewalt, während er beruhigend auf das Kind einsprach. Dann trug er es zur Straße zurück, um Mutter und Kind zusammen in ein Krankenhaus zu fahren.

Doch am Auto fand er nur seine Frau vor. Erstaunt fragte er nach dem Verbleib der Mutter. Seine Frau sah ihn irritiert an. Diese sei ihm doch in die Dunkelheit gefolgt, hinüber zum Unfallort. Dem Mann kam das seltsam vor, denn er hatte sie während der ganzen Rettungsaktion nicht gesehen. Also ließ er das schreiende Kind bei seiner Frau, die versuchte, es zu beruhigen, und ging erneut zum Unfallort hinüber, wobei er laut nach der Fremden rief. Er befürchtete, sie habe einen Schock erlitten und irre nun planlos auf dem Feld umher. Die Frau aber antwortete nicht, und auch beim Unfallwagen war, abgesehen von den beiden Toten auf den vorderen Sitzen, kein Mensch zu sehen.

Nun zum zweiten Mal am Ort des Geschehens schämte sich der Mann, die Personen nicht näher untersucht zu haben. Waren sie wirklich tot? Vielleicht hatte die verschwundene Frau sich ja geirrt. Wenn die beiden nur schwer verletzt wären, würde ihre Chance auf Rettung immer weiter schwinden, ja länger er nach der verschwundenen Fremden suchte. Er beugte sich durch die zerschmetterte Windschutzscheibe nach innen, um ihnen den Puls zu fühlen. Als er der Beifahrerin dabei direkt ins blutverschmierte Gesicht sah, erkannte er in ihr die Frau, die ihn an der Straße heraus gewunken hatte.

DIE JUNGE ANHALTERIN

Ein gut situierter Amerikaner fuhr Samstag nachts von einer Tanzveranstaltung in einem bekannten Country Club heim nach Baltimore. Wenige Meilen vor der Stadt lag eine große, gefährliche Kreuzung, auf der sich schon eine Reihe von Unfällen ereignet hatten. Der Mann kannte das Risiko und drosselte die Geschwindigkeit seines Wagens, zum Glück, wie er gleich darauf feststellte. Denn kurz hinter der Kreuzung sah er eine schöne junge Frau in einem kurzen Kleid, die den Daumen in den Wind hielt, eine Tramperin. Er brachte seinen Wagen ganz zum Stehen und ließ sie auf die enge Rückbank seines Sportwagen klettern.

»Der Sitz hier vorne ist ganz verbaut, tut mir Leid. Ich hoffe, der Platz langt Ihnen.«

Die junge Frau nickte und klemmte sich hinter seinen Sitz.

»Und was machen Sie so spät ganz alleine unterwegs?«, versuchte er ein Gespräch anzufangen, doch sie antwortete ausweichend und müde.

»Das ist eine lange Geschichte, zu lange.«

Sie bat ihn, sie einfach heim zu fahren. Dort würde sie ihm alles erzählen, wenn er dann noch Interesse daran habe. Jetzt aber würde sie am liebsten ein paar Minuten Ruhe haben, nicht reden müssen, den Kopf in den Nacken legen und einfach ausruhen, wenn es ihm recht sei. Der Mann wunderte sich, nickte dann aber. Und sie gab ihm die Adresse und schwieg von da an.

Der gutmütige Mann nahm den kleinen Umweg gerne in Kauf, da er am morgigen Tag würde ausschlafen können. Außerdem dauerte ihn das junge Mädchen; vermutlich hatte sie Ärger mit ihrem Freund gehabt oder sonst etwas Unangenehmes erlebt. Am Ziel angekommen, rief er munter »Wir sind da« und drehte sich um. Doch keine dösende Frau fand sich in seinem Auto, die Bank war leer.

Verwirrt stieg er aus. Sie konnte doch nicht einfach verschwunden sein? Weil er sie aber nirgends entdecken konnte und ihn beim Suchen ein unerklärliches Schuldgefühl überkam, läutete er bei der angegebenen Adresse, auch wenn es schon nach Mitternacht war. Er wusste, er musste die Sache klären, wenn er heute noch in Ruhe würde schlafen wollen.

Ein älterer Herr mit grauen Haaren öffnete verschlafen die Türe. Der Autofahrer entschuldigte sich vielmals, erzählte dann aber die seltsame Begebenheit, die ihm passiert war. Schon nach dem zweiten Satz unterbrach ihn der Hausbesitzer mit einem traurigen Lächeln.

»Ja, ich habe die Geschichte schon öfters gehört. Es ist in den letzten Monaten schon mehrmals passiert, immer samstags. Die junge Frau war meine Tochter. Vor anderthalb Jahren ist sie an der Kreuzung bei einem Autounfall ums Leben gekommen.«

DIE MARMORDAME

Friedhöfe sind Orte der Ruhe und gehören sicher zu den ungefährlichsten Flecken auf der Erde. Aber auch in unseren aufgeklärten Zeiten ist die Furcht vor Übernatürlichem noch immer eng verbunden mit der Angst vor den Toten, und so fühlen sich manche Menschen nachts allein zwischen Gräbern unwohl. Ihre Angst verstärkt sich noch, wenn der Friedhof stillgelegt ist und langsam verwildert, weil sich niemand mehr der Pflege der Gräber annimmt.

Auf einem solchen Friedhof nun stand eine marmorne Statue aus dem 19. Jahrhundert auf dem Grab einer Frau, die angeblich an ihrem gebrochenen Herzen gestorben war. Ihr Gatte, den sie mit ganzem Herzen geliebt hatte, hatte sie mehrmals betrogen und eine längere Affäre mit einer anderen gehabt. Als sie das herausgefunden hatte, war sie gestorben, und eine lebensgroße Statue von ihr in sitzender Position mit ausgebreiteten Armen wurde auf ihr Grab gestellt.

Eine Bande Jugendlicher aus der Gegend nun hatte diese Statue in ihren Initiationsritus integriert. Jeder, der zur Bande gehören wollte, musste eine Nacht auf dem Schoß der Marmordame verbringen.

Und so brachten sie eines Tages einen Neuen bei Sonnenuntergang zu dem Grab, wünschten ihm viel Glück und ließen ihn allein. Als sie ihn am nächsten Morgen abholen wollten, saß er noch immer an derselben Stelle, doch er war seit Stunden tot, die Würgemale am Hals deutlich zu erkennen.

Im Prinzip hätte jeder in der Nacht auf den Friedhof kommen und den Jungen ermorden können. Seltsam war nur, dass nichts von seinem Besitz geraubt war und niemand von Feinden wusste, die er gehabt haben könnte. Auch saß er noch an derselben Stelle wie am Abend zuvor, hatte nicht fortzulaufen versucht und sich anscheinend nicht gewehrt. Die alteingesessenen Städter, die von der Geschichte um das gebrochene Herz der Dame wussten, erinnerten sich aber an den Namen der Geliebten des Verlobten. Sie war eine direkte Vorfahrin des in den Armen der Statue Verstorbenen. Natürlich nahmen die Ermittler das alberne Geschwätz nicht ernst, der Fall jedoch konnte nie geklärt werden.

DAS VERFLUCHTE BETT

In einem Krankenhaus in Südafrika starb eines Freitagmorgens ein schwer kranker Mann auf der Intensivstation. Nun, ein Toter auf einer Intensivstation ist nicht allzu ungewöhnlich, und so wurde der Mann ohne besondere Untersuchungen beerdigt. Exakt eine Woche später starb wieder ein Patient in demselben Bett. Was wie ein merkwürdiger Zufall aussah, entwickelte sich am darauf folgenden Freitag zu einem wirklichen Rätsel des Krankenhauses, als der dritte Patient in eben demselben Bett entschlief.

Erste Gerüchte von einem Fluch machten die Runde, doch die rationalen Mediziner suchten erst einmal nach natürlichen Ursachen. Die technischen Geräte wurden durchgecheckt, einschließlich der Klimaanlage. Sie alle funktionierten einwandfrei. Es wurden auch keine Spuren spezieller Bakterien oder anderer Krankheitserreger gefunden, Bettgestell und Matratze waren so normal und vorschriftsgemäß wie nur irgend möglich. Und doch lag am nächsten Freitag wieder ein Toter auf dem Laken.

Mittlerweile tuschelte bereits die halbe Belegschaft über das verfluchte Bett, und so sah die Krankenhausleitung sich gedrängt, es auszutauschen. Der nächste Patient wurde also auf eine nagelneue Matratze in einem nagelneuen Gestell gelegt, doch nichts desto trotz war er Freitag früh tot.

Dem Krankenhaus blieben nicht allzu viele Alternativen, sie hatten sowieso zu wenig Plätze für alle Kranken, sie konnten sich ein leeres Bett gar nicht leisten. Und so wurde ein Patient mit geringer Heilungschance in das neue Bett gelegt und man beschloss, ihn fortan unter besondere Beobachtung zu stellen.

Eine erfahrene Krankenschwester übernahm es, die Nacht von Donnerstag auf Freitag an seiner Seite zu wachen, ohne diesem zu erklären, weshalb sie hier saß. Schließlich sollte der Kranke nicht über Gebühr beunruhigt werden. Zäh verstrichen die Minuten, und nichts geschah während der Nacht. Schließlich, eine knappe Stunde vor Eintreffen der Frühschicht, öffnete sich leise die Tür. Eine Putzfrau mit Walkman auf dem Kopf kam herein, nickte der Krankenschwester zu und zog den Stecker der Lebenserhaltungssysteme des Patienten aus der Steckdose, um den Staubsauger an das Stromnetz anzuschließen. Die Krankenschwester sprang auf und konnte dem japsenden Mann gerade noch das Leben retten.

Die Putzfrau wurde fristlos entlassen. Das Krankenhaus aber ließ dennoch am selben Tag eine weitere Steckdose neben die alte setzen.

GEISTERHAUS DE LUXE

Von Geisterhäusern wird immer wieder berichtet, mal ungläubig belustigt, mal beunruhigt und mit flüsternder Stimme. In Detroit soll es gar eine Art kommerzielles Geisterhaus geben, sozusagen eine Art Geisterbahn, wie auf dem Rummel. Der Eintritt liege aber weit über dem einer üblichen Rummelattraktion. Wer jedoch die Nerven behält, und das ganze Haus durchquert, dem werde sein Geld zurückerstattet.

Das Gebäude wurde früher als Krankenhaus genutzt, doch jetzt ist dort ein unheimlicher Parcours eingerichtet, der vielen großen Hollywood-Produktionen in nichts nachsteht. Falltüren im Boden, Treppen, deren Stufen wegklappen und den Besucher in die Tiefe rutschen lassen, unheimliche Attrappen von Monstern, aber auch lebende Spinnen, Schlangen und große Insekten bevölkern die staubigen, düsteren Korridore. Und manche munkeln, dass auch die Geister der im Krankenhaus Verstorbenen dort ihr Unwesen treiben und deshalb dieses Gebäude ausgewählt wurde.

Was sich im obersten Stockwerk befindet, das weiß angeblich niemand. Denn auch wenn das Haus schon von vielen betreten wurde, so hat es doch kein Einziger geschafft, den vorgegebenen Weg durch das ganze Haus bis zum Ende zu gehen. Alle sind zuvor schreiend umgekehrt und geflohen, wenn sie nicht gar im Haus verschollen sind. Und ebenso, wie sich niemand von denen, die entkamen, an das oberste Stockwerk erinnert, so erinnert sich auch niemand an die Adresse des Geisterhauses, das irgendwo zwischen harmlosen Gebäuden auf vergnügungssüchtige Besucher lauert.

UNERWARTETES UNTER SIBIRIEN

Bei Bohrungen in Sibirien machten russische Geologen Mitte der 80er Jahre eine mehr als ungewöhnliche Entdeckung. Auf Anordnung der sowjetischen Regierung sollte der Fund vertuscht werden, doch die ein oder andere Information sickerte durch. Mal brach ein Arbeiter sein Schweigen gegenüber einem guten Freund, dann ein anderer bei einem ebenso guten Wodka, und ein weiterer plauderte bei einem westlichen Journalisten gegen bares Geld. Und so kam folgende Geschichte ans Licht der Öffentlichkeit.

Die Geologen verfügten über einen gigantischen Spezialbohrer, mit dem sie tiefe Gesteinsschichten untersuchen wollten. Zwölf Kilometer drangen sie mit ihm in die Tiefe vor, als sie auf einen Hohlraum stießen, der mindestens mehrere hundert Meter hoch sein musste, denn ihre Maschine traf auf keinen weiteren Widerstand. Sie holten den Bohrer zurück an die Oberfläche, und mit ihm kam ein Schwall heißer Luft nach oben, der nach Salpeter roch. Doch das wirklich Seltsame war die Spitze des Bohrers: Sie war nicht mehr da. Allem Anschein nach war sie einfach geschmolzen. Die Temperatur in der Tiefe musste nach vorsichtigen Schätzungen um die 2.000 Grad Celsius betragen. Die Geologen standen vor einem Rätsel.

Um diesem ein Stück weit auf die Spur zu kommen, ließen sie spezielle Mikrofone in die Tiefe, langsam, um die Geräte nicht zu beschädigen. Gebannt lauschten sie in ihrer Station auf das leichte Rauschen und Schaben aus den Boxen. Irgendwann mischten sich andere Geräusche darunter, eine Art Heulen.

Schreie, das seien Schreie, stellte der Leiter des Teams verstört fest, und die anderen stimmten ihm zu. Doch dort unten konnte kein Mensch leben, besonders nicht in solchen Temperaturen. Bevor die Mikrofone endgültig ausfielen, vermutlich waren auch sie geschmolzen, waren die Schreie so deutlich geworden, dass keiner der Anwesenden sie je wieder vergaß. Sie eilten nach draußen und verschlossen das neue Loch sofort wieder. Die Geologen waren sich alle einig, dass sie dort unten die wahrhaftige Hölle entdeckt hatten.

POKERABEND

Folgendes soll sich vor einigen Jahrzehnten im Süden der USA ereignet haben. In einer alten Hütte spielten ein paar Arbeiter um ihren eben erhaltenen Lohn Poker. Im flackernden Schein der Laternen genossen die Männer ihr Spiel. Das Glück wogte hin und her, und so verlor jeder, und es gewann jeder.

Plötzlich klopfte es an der Tür, und als einer der Männer »Herein!« rief, betrat ein großer, dunkel gekleideter Mann die Hütte und fragte, ob er an ihrem Spiel teilnehmen dürfe. Er sehne sich nach ein wenig Zeitvertreib und Vergnügen in der Nacht. Die Pokerspieler waren guter Dinge und boten ihm gleich einen Platz und einen Whiskey an. Der Fremde spielte mit ihnen, und er spielte wirklich gut. Runde um Runde nahm er ihnen das hart verdiente Geld ab, beinahe jedes Spiel gewann er. Die Männer begannen zu murren, doch offen des Falschspiels bezichtigen wollte ihn niemand.

Einer der Männer jedoch war misstrauisch, und als es an ihm war, die Karten zu geben, spielte er den Ungeschickten und ließ eine zu Boden fallen. Entschuldigungen murmelnd und unter den höhnischen Kommentaren seiner Mitspieler kroch er unter den Tisch, um sie aufzuheben. Dabei schielte er zu dem Mann, um zu sehen, ob dieser Karten in den Aufschlägen seiner Jacke oder zwischen seinen Beinen auf dem Stuhl versteckt hielt oder anderweitig betrog. Er sah nichts dergleichen, doch trotz des Schattens, den die Tischplatte warf, erkannte er, dass der rechte Fuß des Fremden keinesfalls menschlich war, sondern ein Huf.

Erschrocken sprang er auf die Beine. Dabei riss er den Tisch um, so dass die Laterne herabfiel, direkt in einen Stapel alter Zeitungen, mit denen für gewöhnlich der Ofen angeheizt wurde. Binnen kürzester Zeit stand die Hütte in

Brand, Löschversuche scheiterten. Nun gerieten alle in Panik, und die Männer sprangen auf und stürmten ins Freie. Nur der Fremde blieb sitzen, als könnten die Flammen ihm nichts anhaben.

Stunden später, als der Brand gelöscht war, stöberten die Spieler in den verkohlten Überresten der Hütte. Von dem Fremden fanden sie keine Spur, keinen einzigen Knochen, nichts. Nur die Überreste des Geldes entdeckten sie in der Asche, doch keiner der Männer wollte es an sich nehmen. Denn all ihre Münzen waren in der Hitze geschmolzen, hatten sich miteinander verbunden und bildeten nun die Form eines auf dem Kopf stehenden Kreuzes.

SPUKENDE SCHIENEN

Vor einigen Jahren blieb in San Antonio ein Schulbus auf einem Bahnübergang in den Schienen stecken, kurz, bevor ein Zug dort entlangbrauste. Der Zug war viel zu schnell, um zu bremsen. Kein einziges der Kinder konnte gerettet werden. Seitdem heißt es über diesen Bahnübergang, es spuke dort.

Zwei junge Männer wollten dieser Geschichte näher auf den Grund gehen. Für einen Spaß sei es allemal gut, befanden sie, und so fuhren sie nach San Antonio. Dort suchten sie den besagten Bahnübergang, parkten mitten auf den Gleisen und warteten ab. Nichts geschah. Nun erst wurden die beiden ein wenig nervös und sahen sich um, ob nicht ein Zug käme. Die Minuten verstrichen.

Plötzlich jedoch setzte sich ihr Auto in Bewegung, ganz langsam und sachte nur, und ohne dass der Motor gelaufen oder auch nur auf Leerlauf geschaltet worden wäre. Die beiden erschraken fürchterlich, dann sahen sie sich um, doch sie konnten nichts und niemanden sehen. Zentimeterweise schob sich das Auto voran, und nach etwa drei Minuten und wenigen Metern hielt es wieder an. Nun war es aus der Gefahrenzone, es stand jenseits des Bahnübergangs, abseits der Schienen, sicher vor irgendwelchen Zügen.

Die beiden konnten das Erlebte nicht richtig fassen, stiegen aus und sahen sich um. Noch immer war niemand und nichts zu sehen. Dann entdeckte einer der beiden im Staub auf dem Heck des Wagens Spuren. Als sie sich diese näher ansahen, erkannten sie die Abdrücke von vielen kleinen Händen. Die Männer dachten beide das Gleiche. Es schien, als hätten mehrere Kinder hinter dem Wagen gestanden und ihn aus der Gefahrenzone geschoben, um seine Insassen vor dem Schicksal zu bewahren, das sie selbst das Leben gekostet hatte. Bleich vor Entsetzen sprangen sie in den Wagen zurück und rasten davon, auch wenn diese Geister ihnen erwiesenermaßen nichts Böses gewollt hatten.

THE LITTLE GIRL

The Little Girl heißt ein Song des Country-Sängers John Michael Montgomery. Er wurde ihm von Songwriter Harley Allen geschrieben, der sich dabei von einer angeblich wahren Geschichte hat inspirieren lassen. Das Lied wurde ein Erfolg, seine Versuche, dieses kleine Mädchen wirklich zu finden, dagegen nicht. Folgendes hatte er über das Kind gehört.

Die kleine Tochter eines atheistischen Ehepaares hatte von ihren Eltern nicht das Geringste von Gott oder Jesus oder der Bibel erfahren, und auch die wenigen Freundinnen im Sandkasten bevorzugten andere Gesprächsthemen. Ihr Leben kann insgesamt kaum als glücklich bezeichnet werden. Beständig stritten die Eltern miteinander, und manchmal ließen sie ihren Ärger auch an ihrer Tochter aus. Das Mädchen ging noch nicht zur Schule und war zu jung, um die Ursachen für die Auseinandersetzungen der Eltern zu verstehen. Sie registrierte nur, dass Vater oder Mutter oder beide böse waren.

Und eines Abends waren sie besonders böse. Ihr Vater brüllte, beschimpfte seine Frau und andere Männer, deren Namen die kleine Tochter nicht kannte. Unbeachtet saß sie am Küchentisch – sie hatte sich nicht gerührt, seit ihr Vater hereingestürmt war – und sah und hörte alles. Sah, wie ihr Vater seine Frau schlug, wie er ins Nebenzimmer rannte und mit dem Gewehr wieder kam, wie die Mutter panisch schrie und bettelte, und wie er sie trotzdem erschoss. Sah, wie er sich auf seinen Stuhl am gedeckten Tisch setzte, das Gewehr auf den Boden stellte, den Lauf in seinen Mund steckte und abdrückte.

Das Mädchen sagte nichts, schrie nicht, stand auf und ging in sein Zimmer. Jetzt war sie allein.

Am nächsten Tag fand eine Nachbarin die Leichen der

Eltern und das seltsam ruhige und gefasste Kind. Das Mädchen kam in ein Pflegeheim, deren Leiterin bekennende Christin war. Sonntags brachte sie die Kinder zur Kirche und in die Sonntagsschule. Am ersten Schultag des Mädchens bat die Leiterin den Lehrer um Nachsicht mit der neuen Schülerin. Das Mädchen habe noch nie etwas von Jesus gehört, er solle nicht zu viel von ihr erwarten. Also begann der Lehrer mit den Grundlagen, zeigte den Kindern ein Bild von Jesus und fragte, ob jemand wisse, wer das sei. Zu seiner Überraschung meldete sich die Neue. Dies, sagte sie mit fester Stimme und einem stillen Lächeln auf dem Gesicht, sei der Mann, der bei ihr gewesen war und sie getröstet hatte in der Nacht, in der ihre Eltern gestorben waren.

WARNENDER TRAUM

Auf dem Heimweg von einer langen Reise machte eine junge Frau für eine Nacht bei Freunden Station, die in einem alten, außerhalb gelegenen Landhaus lebten. Man wies ihr das Gästezimmer direkt über dem Eingang zu, und vor dem Schlafengehen kippte sie das Fenster, um die frische Luft zu genießen.

In fremder Umgebung hatte sie stets einen unruhigen Schlaf. Und so erwachte sie irgendwann in der Nacht, ob vom Schlagen der Kirchturmuhr des einen Kilometer entfernten Dorfes oder dem Motorengeräusch im Hof, konnte sie nicht sagen. Motorengeräusch? Wer sollte um die Uhrzeit hier herausgefahren kommen?

Neugierig sah sie aus dem Fenster und erblickte einen großen schwarzen Leichenwagen, dessen Vorhänge hinten aufgezogen waren. Im Inneren des Wagens drängelten sich mehrere Menschen und winkten ihr zu. Der Fahrer kurbelte das Fenster herunter, lehnte sich lässig heraus und rief ihr einladend zu: »Hey! Für eine haben wir noch Platz!«

Sie zuckte zurück, schlug das Fenster zu und verkroch sich im Bett. Stundenlang wälzte sie sich noch herum, so sehr hatte sie das düstere Gesicht des Fahrers und seine Einladung aufgewühlt. Schließlich aber schlief sie doch wieder ein. Am nächsten Morgen wusste sie nicht mehr, ob sie das Ganze erlebt oder nur geträumt hatte. In jedem Fall aber war sie froh, das alte Gemäuer verlassen und heimkehren zu können.

Nur zwei Tage später hatte sie einen Termin im siebten Stockwerk eines Bürogebäudes. Als sie danach auf den Flur heraustrat, war der Fahrstuhl gerade da. Auch wenn sich schon sieben oder acht Personen darin drängten, eine schlanke Frau wie sie würde sicher noch hineinpassen, dachte sie. Der Mann an der Tür des Fahrstuhls schien ihren Gedanken zu teilen. Er hielt seinen Arm heraus, um das Schließen der Türen zu verhindern, drehte ihr den Kopf zu und rief: »Hey! Für eine haben wir noch Platz!«

Der Frau schreckte zurück. Sein Gesicht glich dem des Leichenwagenfahrers aus ihrem Traum aufs Haar, und er hatte exakt die gleichen Worte gebraucht. Verunsichert winkte sie ab und stotterte, sie nehme lieber die Treppe, das täte ihrem Kreislauf sicherlich gut. Der Mann zuckte bedauernd mit den Schultern, und dann schlossen sich die Türen. In das vertraute Zischen mischte sich ein scharfes reißendes Geräusch. Es folgte ein Rauschen und gedämpftes Schreien aus dem Schacht, das sich rasend schnell entfernte, schließlich ein krachender Aufprall – und Stille. Bis die ersten Ohrenzeugen aus verschiedenen Türen stürmten, nach der Ursache des Lärms suchten und dann nach Hilfe riefen.

Doch alle Hilfe kam zu spät, der Aufzug war in die Tiefe gestürzt, und unter den zerschmetterten Körpern fand sich nicht ein Überlebender.

DIE HYMNE DES MISSIONARS

Ein beliebter Missionar in Afrika war überraschend verstorben. Zwei Tage lang wurde sein Körper aufgebahrt, dann sollte er beerdigt werden.

Gut hundert Leute hatten sich auf dem kleinen Friedhof um den Sarg herum versammelt. Einige weinten still, andere schwiegen mit steinerner Miene. Doch als dem Toten zu Ehren noch einmal seine Lieblingshymne gesungen werden sollte, rissen sich alle zusammen, und laut erscholl der Chor der Versammelten. So laut, dass nur die Sargträger die leise Stimme aus dem Sarg hören konnten, die plötzlich in das Lied mit einstimmte. Schnell wurde die hölzerne Kiste geöffnet. Und tatsächlich, dort lag der Missionar, noch immer wachsbleich, doch die Lippen waren in Bewegung und deutlich formten sie den schon hunderte Male gesungenen Text. Es vergingen nur wenige Minuten, und der Missionar kam langsam zu sich. Der Arzt vermutete später, das Unterbewusstsein des Missionars habe automatisch reagiert, als es die Hymne gehört habe.

Seitdem wird das Lied in der kleinen Gemeinde mit besonderer Achtung gesungen. In ihm, so sagen die Leute, habe sich das wunderbare Wirken Gottes gezeigt. Der Missionar aber erfreut sich noch heute, mehrere Jahre nach dem Ereignis, bester Gesundheit.

KAPITEL 9

IN DER FERNE

Millionen Menschen fiebern jedes Jahr darauf hin, in die Ferien zu fahren, Urlaub zu machen, den Alltag hinter sich zu lassen. Doch andere Länder, andere Sitten, heißt es, und so hält die Fremde auch so manche Überraschung für den Reisenden parat. Moderne Sagen bestätigen die Vorurteile, die sich zu den unterschiedlichen Ländern gebildet haben, überspitzen sie gar. Überall lauern Diebe, Mädchenhändler oder Mörder, und sie laufen in diesem Kapitel sogar den beliebten Psychopathen den Rang ab. Die Fremde selbst ist hier bereits unberechenbar genug.

Auch den Touristen, die nach Deutschland kommen, ergeht es nicht besser. Und selbstverständlich haben Japaner immer einen Fotoapparat dabei.

DAS PERFEKTE URLAUBSFOTO

Amerikaner und Asiaten, die in Europa Urlaub machen, haben oft eine Rundreise gebucht, die ihnen in Deutschland gerade einmal ein paar Tage Zeit einräumt. Sie sehen Berlin, den Kölner Dom, das Hofbräuhaus in München, Heidelberg, vielleicht die Loreley und natürlich das Schloss Neuschwanstein.

An einem schönen Junitag hatte eine Reisegruppe Japaner sich das bekannteste Schloss Ludwigs II. angesehen, und ihr Programm sah anschließend eine Fahrt auf der nahe gelegenen Sommerrodelbahn vor. Ein Riesenspaß für alle Beteiligten, nur fuhren sie wenig sportlich ins Tal. Einer hinter dem anderen bremste ab, um nicht zu viel Fahrt aufzunehmen. Die Frauen kreischten in den steilen Kurven, auch wenn sie kaum mit Schrittgeschwindigkeit genommen wurden, die Männer lachten selbstsicher. Der Angestellte der Rodelbahn sah dies und verzögerte die Abfahrt des folgenden Touristen, eines fast 2 Meter großen Hünen, einen Moment, um ihm genug Luft nach vorne zu geben. So wollte er vermeiden, dass dieser auch zu dem Bummeltempo der Busreisenden gezwungen wurde.

Schließlich aber gab er die Bahn für den Hünen frei, und angestachelt von der Verzögerung und dem ungeduldigen Warten am Start verzichtete dieser völlig auf das Bremsen und ließ den Rodel laufen.

Auf halber Strecke, kurz hinter einer Kurve, bemerkte er plötzlich einen Japaner vor sich, den Letzten aus der Reisegruppe. Dieser hatte angehalten, um von hier das Schloss Neuschwanstein im herrlichen Licht der Nachmittagssonne fotografieren zu können. Der Hüne schrie, doch der Japaner war in den Anblick so vertieft, dass er sich im ersten Moment gar nicht angesprochen fühlte. Verzweifelt zog der große Rodler mit beiden Händen an den seitlichen Bremsen, doch die konnten der Belastung von 120 kg nichts entgegensetzen und verminderten das Tempo seines Gefährts nur unwesentlich. Und so jagte er in den fotografierenden Japaner und quetschte ihn mit der ganzen Wucht seines massigen Körpers im Eiltempo zu Tode.

DER KRÄFTIGE HANDTASCHENDIEB

Eine Frau Mitte 40 aus München fuhr zum ersten Mal nach Jahren wieder in den Urlaub. Gemeinsam mit ihrem Mann wollte sie sich in einer kleinen Ortschaft in Süditalien einmieten, nicht weit von Neapel entfernt. Sie wusste, dass immer wieder vor Handtaschendieben in den touristischen Regionen gewarnt wurde, gerade in südlichen Regionen. Beunruhigt fragte sie daher eine Freundin um Rat, die seit Jahren regelmäßig in der Gegend ihren Urlaub verbrachte. Diese jedoch beruhigte sie, sie sei noch nie bestohlen worden, die Leute dort seien um vieles harmloser als ihr Ruf. Aber wenn sie auf Nummer sicher gehen wolle, solle sie die Handtasche nicht elegant über die Schulter hängen, sondern wie eine Umhängetasche oder Schärpe quer über den Oberkörper nehmen. So wäre es einem potenziellen Dieb nicht möglich, ihr die Tasche im Vorbeigehen zu entreißen.

Die Frau tat, wie ihr geheißen. Und tatsächlich geschah ihr nichts. Nach ein paar Tagen in Süditalien legte sie ihre Nervosität ab und bewegte sich fortan frei durch die verschiedenen Städtchen.

Bei einem Ausflug nach Neapel geschah es dann doch. Ein Motorradfahrer griff im Vorbeifahren nach ihrer Handtasche. Entweder hatte er nicht darauf geachtet, wie sie die Tasche trug, oder er vertraute auf seine Körperkraft und hoffte, der Trageriemen werde nicht halten, wenn er nur fest genug daran zerrte. Doch die Tasche war aus stabilem Leder gefertigt, so dass der starke Ruck dem Material nichts anhaben konnte. Lediglich die Halswirbel der Frau erwiesen sich als weniger stabil.

Mit einem deutlich hörbaren Knirschen brachen zwei von ihnen, als ihr Kopf zur Seite knickte, und die Frau stürzte zu Boden. Von ihrem leblosen Körper glitt die Handtasche leicht herunter, und der Dieb brauste mit ihr davon, noch ehe der überraschte Ehemann oder irgendein Passant hätte eingreifen können.

EIN DRINK IN RUMÄNIEN

Zwei junge Männer aus Berlin waren im Urlaub in Rumänien unterwegs, und sie bewegten sich abseits der üblichen Touristenpfade. Dabei stießen sie auf einen freundlichen Einheimischen mit einer schäbigen und voll gestopften Plastiktüte, und es entspann sich eines jener typischen Gespräche nach dem Woher und Wohin. Der Fremde bot ihnen an, sie zu begleiten. Er wolle sie gern auf ein paar Bier einladen, sein Onkel habe ein Restaurant in der Nähe. So könne er sein Englisch üben, das mangels ausländischer Gesprächspartner mit der Zeit etwas eingerostet sei. Die beiden Männer überlegten nicht lange und nahmen dankend an.

Das Restaurant war leer, aber ihr neuer Bekannter ein angenehmer Gesprächspartner, der sich tatsächlich auch mit den versprochenen Bieren nicht lumpen ließ. Zusätzlich orderte er noch eine Flasche Wodka und drei Gläser. Sie sprachen über Rumänien, Deutschland, Fußball, das Wetter und dergleichen mehr. Der Rumäne interessierte sich für nahezu alles und jedes, und mit der Zeit wurde er merklich betrunken. Mit zunehmendem Alkohol schwand auch seine Freundlichkeit.

»Hey, wie viel Geld habt ihr dabei?«, wollte er plötzlich wissen und stieß einem der jungen Männer gegen die Brust. Die beiden wehrten ab, aber ihr Gastgeber ließ nicht locker.

»Sagt schon, wie viel habt Ihr dabei?« Und der letzte Rest Freundlichkeit war verschwunden.

Die beiden wollten nun gehen, doch als sie aufstanden, sahen sie drei sprichwörtliche Schränke von Männern hereinkommen. Sie trugen Anzüge, und unter ihren Achseln zeichneten sich deutlich die Holster von Pistolen ab. Jetzt bekamen die zwei Berliner es wirklich mit der Angst zu tun. Mit einem hässlichen Grinsen öffnete ihr Gesprächspartner nun seine Plastiktüte, die beinahe überquoll von Geldscheinen in allen Währungen.

»Na, wie viel habt ihr jetzt dabei?«, fragte er und kippte noch einen Wodka hinunter.

Den beiden blieb nichts anderes übrig: Sie holten ihre Geldbeutel hervor und reichten sie ihm. Er nahm sie, warf die Geldscheine und Münzen in die Tüte, dann steckte er den Rest in seine Jackentasche. Besonders über die Ausweise schien er sich zu freuen. Mit diesen könne man irgendwelche Leute illegal über Grenzen bringen. Zufrieden nickte er den Anzugträgern zu. Er holte selbst eine Waffe hervor, schickte die Schränke nach draußen und grinste die Ausgeraubten an.

»Noch Wodka?« Und er selbst leerte wieder ein Glas. »Jetzt muss ich pissen, aber dann mach ich euch alle.«

Und er schwankte zur Toilette. Im Suff schien er vergessen zu haben, dass nun niemand mehr auf die beiden aufpasste, vielleicht aber wollte er sie auch entkommen lassen. Der Grund für seine Nachlässigkeit war den beiden egal, sie rannten um ihr Leben.

Die Polizei kommentierte ihre Anzeige des Diebstahls mit einem Schulterzucken, wollte für eine Aufnahme des Sachverhalts 30 Euro sehen und winkte mit einem dicken Stapel auszufüllender Formulare in rumänischer Sprache. Die beiden verzichteten und verließen so schnell wie möglich das Land.

EIN HOTELZIMMER IN PARIS

Zur großen Weltausstellung in Paris im Jahr 1900 reisten unzählige Menschen aus allen Ländern an. Insgesamt sollen es 50 Millionen Besucher gewesen sein. Zu diesen gehörten auch zwei englische Frauen, die sich auf dem Heimweg aus Indien befanden, wo ihre Familien etliche Besitztümer ihr Eigen nannten. Es war schwer, in der überfüllten Stadt noch eine Unterkunft zu bekommen, doch letztlich fanden die Frauen zwei Einzelzimmer in einem größeren Hotel ein wenig außerhalb des Zentrums. Die ältere der beiden Freundinnen hatte sich bereits den ganzen Tag über nicht gut gefühlt und fiel, als sie endlich in ihrem Zimmer angekommen war, völlig erschöpft auf ihr Bett. Die Freundin sorgte sich und sprach mit der Dame an der Rezeption.

Schon bald war der Hotelarzt gerufen, und nachdem er die Frau untersucht hatte, sprach er schnell und aufgeregt auf Französisch mit dem Hotelmanager. Dann erklärte er der jüngeren Frau in gebrochenem Englisch, ihre Freundin sei schwer krank und brauche sofort eine seltene Medizin. Er habe noch etwas von dem benötigten Mittel, allerdings zu Hause. Er wohne eine gute halbe Stunde von hier entfernt, werde ihr aber die Adresse und eine Nachricht für seine Frau geben, auf dass diese ihr das richtige Fläschchen heraussuchen könne. Die Jüngere dankte und machte sich eilends auf den Weg.

Doch der Arzt hatte bei seiner Zeitangabe die Weltausstellung außer Acht gelassen. Die Straßen waren völlig überfüllt, die Kutsche kroch nur langsam vorwärts, und als sie endlich bei der angegebenen Adresse angelangt war, musste die Engländerin vom Hausmädchen erfahren, dass die Frau des Doktors für eine halbe Stunde außer Haus sei. Ungeduldig wartete sie. Doch als die Gattin des Arztes zurückkam, suchte sie vergebens nach dem Medikament. Sie kenne allerdings die Zusammensetzung, beruhigte sie ihre inzwischen aufgelöste Besucherin, sie werde das Mittel schnell herstellen.

Ganz so schnell ging es dann doch nicht, und auch die Menschenmassen auf den Straßen waren auf dem Rückweg zum Hotel noch nicht weniger geworden. Und so kehrte die Engländerin erst vier Stunden nach ihrem Aufbruch zum Hotel zurück.

Sie eilte die Treppe nach oben, doch das Zimmer ihrer Freundin war abgeschlossen, auf ein Klopfen reagierte niemand. Sie lief also wieder nach unten, und an der Rezeption begegnete man ihr mit Unverständnis. Welche Freundin? Sie sei allein angekommen.

Auch der Hotelmanager und der Arzt waren verwirrt, als sie gerufen wurden, und ein Blick ins Gästebuch verriet, dass in dem von ihr bezeichneten Zimmer ein ihr fremder Herr abgestiegen war. Sie beharrte darauf, das Zimmer zu sehen, und bereitwillig wurde ihr dieser Wunsch erfüllt. Das Zimmer sah völlig anders aus, als sie es in Erinnerung hatte. Andere Möbel säumten die Wände, andere Teppiche schmückten den Boden, und auch vom Gepäck ihrer Freundin fand sich keine Spur. Stattdessen hing die Kleidung eines französischen Gentleman im Schrank.

Sie floh völlig aufgelöst aus dem Hotel und nahm eine Kutsche zur englischen Botschaft. Dort wurde sie zuvorkommend behandelt, man hörte ihr mit großer Aufmerksamkeit zu, doch Glauben schenkte man ihr nicht. Sie beharrte weiter auf ihrer Geschichte, und schließlich landete sie in einer englischen Nervenheilanstalt, wo sie bis an ihr Lebensende blieb und jeden Patienten, jede Schwester und jeden Arzt nach dem Verbleiben ihrer Freundin befragte, und von einer Verschwörung französischer Mädchenhändler fantasierte.

Sie sollte nie erfahren, dass ihre Freundin an der Pest erkrankt und daran gestorben war. Diese Erkrankung hatte vertuscht werden sollen, um eine Panik in der Stadt zu vermeiden und einen reibungslosen Ablauf der Weltausstellung zu garantieren. Das Abreisen von Millionen von Touristen hätte die Stadt Unsummen gekostet, auf die im Namen der Wahrheit zu verzichten sie nicht bereit gewesen war.

GERUCHSINTENSIVES HOTELZIMMER

Im Juni 1999 besuchte ein deutsches Paar zum ersten Mal Las Vegas. Es war früher Abend, als sie ihr Hotelzimmer betraten, um ihr Gepäck abzustellen, sich frisch zu machen, und sich trotz der Reisestrapazen ins Nachtleben zu stürzen.

Der vorherige Gast schien kein Freund von Frischluft gewesen zu sein. Im Zimmer roch es abgestanden und unangenehm. Vielleicht war auch einfach nur die Klimaanlage kaputt gewesen, jetzt allerdings funktionierte sie tadellos. Während sie sich frisch machten, rissen sie beide Fenster auf und lüfteten durch. An der Rezeption beschwerten sie sich noch einmal über den Geruch, und der Portier versprach, vorsichtshalber nach der Klimaanlage zu sehen.

Das Paar besuchte ein Casino, spielte den ganzen Abend, hatte Glück und gewann. Sie feierten mit einer Flasche Champagner und vielen anderen bunten Getränken und torkelten schließlich lachend und mit 1000 Dollar mehr in den Taschen zurück zum Hotel. In ihrem Zimmer stank es noch immer, doch sie wollten ihre Beschwerden auf den nächsten Tag verschieben. Jetzt musste ihr Gewinn erst noch einmal in Zweisamkeit gefeiert werden. Überdies war der beißende Geruch zumindest schwächer geworden, die Klimaanlage brummte auf Hochtouren. Die zwei fielen betrunken ins Bett, liebten sich und schliefen dann ein.

Am nächsten Morgen dröhnten ihre Schädel, und der Gestank war wiederum intensiver geworden. Er schien direkt in der Matratze zu stecken, also beschwerten sie sich erneut. Und da sie bei ihrer fröhlichen Rückkehr großzügig zum Portier gewesen waren, stand auch kaum drei Minuten später der Hausmeister vor ihrer Tür. Gemeinsam mit dem männlichen Gast hob er die Matratze aus dem massiven Bettkasten.

Darin fand sich die mehrere Tage alte Leiche eines

Mannes, dessen Identität nicht festgestellt werden konnte. Die Polizei vermutete, einer der vorherigen Hotelgäste müsse ihn ermordet und die Leiche dann dort versteckt haben. Selbstverständlich, beeilte er sich zu beteuern, werde der Täter bald gefasst werden, und es müsse sich bei dem Toten ja wahrlich nicht zwingend um einen Gast aus diesem Zimmer handeln. Dem Touristenpaar war es einerlei. Sie wechselten umgehend das Hotel.

ES MUSS KEIN MÄDCHENHÄNDLER SEIN ...

Eine Familie aus Norddeutschland verbrachte ihren Urlaub seit Jahren in Afrika. Zunächst hatten sie Marokko, Tunesien und Ägypten bereist, doch als die beiden blonden Töchter langsam ins Teenageralter kamen, vermieden sie den Norden des Kontinents aus Angst vor Mädchenhändlern. Und auch wenn in Südafrika eine hohe Verbrechensrate herrschte, sollte das Land für Touristen doch sicher sein, sofern sie sich nicht nachts in die verrufenen Viertel der großen Städte begaben.

Und in der Tat war ihr Hotel an der Küste angenehm ruhig, das Personal sehr zuvorkommend. Mit einem der Angestellten verstanden sich die Eltern besonders gut. Oft sprach man im Plauderton über die Familie, und der Portier erzählte von seinen Töchtern, die im selben Alter wie die der deutschen Eltern waren. Seine Töchter stiegen schon fleißig älteren Jungs hinterher, was ihm als Vater nicht besonders gefiel. »Aber was soll man machen, sie werden halt erwachsen«, zwinkerte er.

Und die deutsche Mutter stimmte ihm lachend zu. Ihre Töchter seien allerdings sehr vernünftig und noch jung, sie müsse sich zum Glück noch keine diesbezüglichen Sorgen machen. Nur bei der älteren schien sich etwas anzubahnen, bisher sei sie aber wohl über ein schüchternes Flaschendrehen nicht hinausgekommen.

Zwei Abende später wurde die Familie beim Strandspaziergang von zwei Maskierten mit Messern überfallen. Sie fesselten die Eltern und vergewaltigten die beiden Töchter, die Mutter rührten sie nicht an. Der eine erinnerte sie für einen Moment an den Hotelangestellten, mit dem sie sich angefreundet hatten, doch wegen der Maske und dem Dämmerlicht konnte sie es nicht genau erkennen. Und warum sollte auch gerade er ...?

Im Hotel begegnete er ihnen auf jeden Fall völlig normal, sie musste sich geirrt haben; und auch die Untersuchungen ergaben nichts weiter. Der Kriminalbeamte konnte ihnen nur sagen, dass in Südafrika Vergewaltigungen praktisch an der Tagesordnung seien. Etwa eine Million derartige Übergriffe gäbe es im Jahr, wenn auch selten Touristen unter den Opfern wären. Oft handelte es sich um junge Mädchen, denn viele Männer hingen dem Aberglauben an, sie könnten von Aids geheilt werden, wenn sie mit einer Jungfrau schliefen. Ein fataler Irrtum, der eben genau das Gegenteil bewirke, und zur Verbreitung der Seuche beitrüge.

Die beiden geschändeten und zutiefst verunsicherten Mädchen waren glücklicherweise ohne Ansteckung davongekommen. Doch nach Südafrika fuhr die Familie nie wieder.

ZAHNBÜRSTE UND FOTOAPPARAT

Ein frisch verheiratetes Paar verbrachte die Flitterwochen an einem viel besuchten Touristenort, genoss am Tage die Sehenswürdigkeiten der Umgebung, und am Abend die Zweisamkeit des Ferienzimmers mit wunderbar großem Bett.

Doch schon in den ersten Tagen wurde bei ihnen eingebrochen, während sie tagsüber unterwegs waren. Bei ihrer Rückkehr fanden sie nur noch den Fotoapparat und ihre Zahnbürsten vor. Dass ein Dieb wenig mit gebrauchten Zahnbürsten anfangen konnte, das leuchtete sofort ein. Weshalb er ihnen aber die Kamera gelassen hatte, konnten sie nicht verstehen. Wahrscheinlich hatte er sie schlicht übersehen. Doch sie wollten sich ihre Flitterwochen nicht verderben lassen, weder durch sinnloses Grübeln noch durch den Diebstahl selbst. Sie verdienten beide gut, und die Kreditkarten hatten sie tagsüber dabei gehabt. Problemlos ließen sich also die wichtigsten Dinge ersetzen.

Nach ihrer Rückkehr in die Heimat warteten sie gespannt auf die Urlaubsbilder, um sich gemeinsam noch einmal die schönen Tage ins Gedächtnis zu rufen. Sie sahen die Fotos durch und schwelgten in Erinnerungen, bis sie schließlich auf eines stießen, das sie nicht selbst aufgenommen hatten. Es zeigte ihr Zimmer, und mitten darin stand ein vornüber gebeugter haariger Mann, dem ihre Zahnbürsten tief im Hintern steckten.

ÜBERFAHREN IN DER TÜRKEI

Die Türkei ist ein ideales Urlaubsland für viele Deutsche. Traumhaftes Wetter, das Meer, Überreste antiker Kultur neben der lebendigen muslimischen, und nicht zuletzt freundliche Menschen, von denen ein großer Teil sogar Deutsch spricht.

Und so verbrachte auch ein junges Paar aus dem Ruhrgebiet zwei Wochen in der Türkei. Sie wollten im Meer baden und mit einem Mietwagen das dünn besiedelte Hinterland erkunden, dort wandern und die Natur entdecken. Und wie sie zwischen den felsigen Hügeln entlangfuhren, sah der Mann eine pittoreske Ruine auf halber Höhe zu ihrer Linken, und er deutete hinaus, um seine Freundin darauf aufmerksam zu machen.

Doch in genau diesem Moment nahm der Mann einen plötzlichen Schatten im Augenwinkel wahr, eine Silhouette auf der Straße. Er riss den Kopf herum, es gab einen Schlag, ein Schrei war zu hören, und etwas wurde durch die Luft geschleudert. Die Reifen quietschten, und schräg kam der Wagen auf der schmalen Straße zum Stehen. Mit klopfenden Herzen sahen die zwei sich an, der Mann fluchte, dann stiegen sie aus.

Vor dem Auto lag der verschleierte Körper eines jungen Mädchens. Ein nacktes Bein ragte aus dem dunklen Stoff heraus, und frisches Blut sickerte auf die Straße. Sie war tot.

Die junge Frau begann zu weinen, während ihr Mann fluchte und gegen den Vorderreifen trat. Okay, man müsse die Verantwortung für das Unglück übernehmen, sagte er, sie könnten nicht einfach davonfahren. Immerhin war das Mädchen scheinbar taub und blind auf der Straße entlanggelaufen, und niemand könne ihnen beweisen, dass er für einen Augenblick nicht auf den Weg geachtet hatte.

Er stieg also wieder in den Wagen ein, um in die eine

viertel Stunde entfernt liegende Stadt zurückzufahren, während seine Freundin vor Ort Wache bei der Toten hielt, und um das Geschehen erklären zu können, sollte bis zum Eintreffen der Polizei jemand vorbeikommen. Nirgends waren Häuser zu sehen, auch auf der Karte war keine Ortschaft verzeichnet. Woher war das Mädchen nur gekommen?

Die Polizei in der Stadt erwies sich als sehr freundlich und hilfsbereit. Zwei Beamte stiegen sofort in einen Wagen und folgten dem Mann zurück an den Unfallort.

Als sie ankamen, war die Leiche verschwunden, doch die Freundin des Mannes ebenfalls. Die drei Männer sahen sich in der Gegend um, vielleicht hatte die Frau bei der sommerlichen Hitze ja Schatten gesucht, um zu warten.

Schließlich entdeckten sie die Frau im Geäst eines Baumes – sie baumelte an einem starken Strick. Irgendjemand hatte sie dort kaltblütig aufgeknüpft.

Die Polizei vermutet, es muss sich um einen Verwandten der Toten handeln, der ohne zu zögern Blutrache für die Tat geübt hat.

KAPITEL 10

FEIERABEND UND WOCHENENDE

Doch warum in die Ferne schweifen? Feierabende und das Wochenende bieten auch mannigfache Möglichkeiten zur Freizeitgestaltung und ebenso viele, um in Schwierigkeiten zu geraten. In den folgenden Geschichten geht es nunmehr weniger um die Angst vor dem Fremden als vielmehr um die Dunkelheit der Nacht oder um die Tücken neuer Freizeitbeschäftigungen wie des Bungee-Jumping. Kurz gesagt, alles, was Spaß macht, birgt auch eine Gefahr in sich. Die Sagen dieses Kapitels berichten von denjenigen, die dieser Gefahr begegnet sind, und das selten mit glimpflichem Ausgang.

ROWDYS IM AUTOKINO

Ein junger Mann hatte gerade erst seine Führerscheinprüfung bestanden. Sichtlich stolz und mit dem Auto seines Vaters holte er seine Freundin ab, um sich mit ihr einen Film im Autokino anzusehen. Der Abend hätte wunderbar sein können, wären da nicht die vier trinkenden Jungs im Nachbarwagen gewesen, die den Film lautstark und abfällig kommentierten. Vorsichtige und höfliche Bitten, sie mögen doch ruhig sein, bewirkten nicht viel. Die einzige Reaktion waren vier winkende Mittelfinger und hämisch grinsende Gesichter. Und so ertrug das Pärchen stoisch die lärmenden Nachbarn bis zum Ende der Vorstellung.

Doch beim Abspann des Films stiegen die vier plötzlich aus ihrem Wagen und kamen schnurstracks zu dem Pärchen hinüber. Offenbar suchten sie nach einem neuen Vergnügen. Ein ziemlich einseitiges Vergnügen, wie dem jungen Mann und seiner Freundin sofort klar wurde.

Hektisch kurbelten sie die Fenster hoch. Dann warf er den Motor an, doch bevor er durchstarten konnte, sprangen drei der vier Halbstarken hinter seinen Wagen und hoben ihn an der Stoßstange hoch. Der Heckantrieb jaulte hilflos auf, die Räder drehten sinnlos ein paar Zentimeter über dem Boden durch. Das Mädchen auf dem Beifahrersitz begann zu schreien, er solle etwas tun, sofort! Doch der junge Mann konnte nur hilflos fluchen.

Mit einem diabolischen Grinsen schlenderte der vierte Halbstarke zur Beifahrertür; er wusste, dass die beiden ihm nicht würden entkommen können. Dabei zog er ein Butterfly-Messer aus der Hosentasche und warf es spielerisch in die Luft. Doch er hatte die körperlichen Kräfte seiner angetrunkenen Kumpanen überschätzt. Als er schließlich gegen das Fenster klopfte, sank das Auto zu Boden und die rotierenden Räder fanden quietschend Halt. Mit einem heftigen

Ruck jagte der Wagen los. Einer der drei Jugendlichen am Kofferraum stürzte dabei zu Boden, und sie alle schrien dem Pärchen Verwünschungen hinterher. Dieses aber war glücklich entkommen.

Endlich daheim erzählte der junge Mann nichts von dem Vorfall, aus Angst, er würde sonst das Auto kein weiteres Mal geliehen bekommen. Ein kurzer Karosseriecheck in der halbdunklen Garage ergab keinerlei Dellen oder Kratzer. Sie waren noch einmal mit dem Schrecken davongekommen. Doch der junge Mann hätte sich das Heck genauer ansehen sollen. Denn als sein Vater mit dem Auto am nächsten Morgen zur Arbeit fahren wollte und seine Aktentasche im Kofferraum verstaute, fand er vier abgerissene Finger. Sie waren unter der hinteren Stoßstange eingeklemmt, die über und über mit verkrustetem Blut bedeckt war.

SPÄTE RÜCKKEHR DES MITBEWOHNERS

In den meisten deutschen Studentenwohnheimen gibt es Einzelzimmer, doch auf einem amerikanischen Campus ist es durchaus üblich, dass zwei Studenten sich ein Zimmer teilen. Und auf einem solchen Campus hat sich vor einigen Jahren kurz nach Semesterbeginn Folgendes ereignet.

Eine schüchterne Studentin im ersten Semester teilte sich ihr Zimmer mit einem lebenslustigen Mädchen, das gerne und oft mit älteren Kommilitonen ausging. So war es auch an diesem Abend. Fröhlich winkte sie zum Abschied, sagte, es werde wohl spät werden, und die Schüchterne, die noch keinen richtigen Anschluss an ihre Kommilitonen gefunden hatte, blieb allein zurück. Nach und nach verklangen die Geräusche aus den Nachbarzimmern, die meisten begaben sich zu Bett oder waren aus. Die junge Studentin lag wach, wälzte sich unruhig hin und her und konnte nicht richtig einschlafen. Immer wieder schreckte sie hoch, lauschte, ob ihre Zimmergenossin zurückkehrte, doch sie hörte nichts. Ob es ihr gefiel oder nicht, sie musste sich eingestehen, dass ihr die Stille unheimlich war. Vergeblich versuchte sie, sich zusammenzureißen.

Spät in der Nacht vernahm sie endlich Geräusche, doch diese waren schlimmer als die Stille. Ein gurgelndes Stöhnen bewegte sich draußen den Gang entlang, mit unheimlichen, schleifenden Schritten. Die Studentin floh in die Toilette, sperrte sich dort ein, als die Geräusche immer näher kamen. Das Stöhnen verharrte direkt vor der Zimmertür, und irgendetwas begann, an dieser zu schaben. Es schien Ewigkeiten zu dauern, bis endlich wieder Ruhe einkehrte, und selbst dann wagte das zitternde Mädchen nicht, die Toilette zu verlassen. Doch schließlich wurde sie von Müdigkeit übermannt und schlief neben das Waschbecken gekauert ein.

Am nächsten Morgen erwachte sie mit verspanntem

Rücken und frierend. Im Tageslicht schalt sie sich angesichts der vergangenen Nacht ein furchtsames Kleinkind, und war sich sicher, das meiste sei Einbildung gewesen. Sie öffnete die Badtüre und lugte ins Zimmer. Alles war ruhig, doch das Bett ihrer Kommilitonin noch immer unberührt und leer. Wahrscheinlich hatte sie bei einem der älteren Studenten Glück gehabt und übernachtet. Doch als sie das Zimmer verließ, fand sie sie auf dem Flur liegen, den Hals durchtrennt und die Finger unter den Nägeln blutig. Sie hatte an der Tür vergeblich um Hilfe gekratzt, bis sie verblutet war.

BUNGEE-JUMPING

Eine Gruppe Jugendlicher traf sich jedes Wochenende an einer hohen Brücke im Allgäu zum Bungee-Jumping. Dank der neuen Schnellstraße in wenigen Kilometern Entfernung gab es an »ihrer« Brücke kaum Straßenverkehr, und die wenigen Autos wurden von ihnen nicht gestört. Sie sicherten das Seil jedes Mal sehr gewissenhaft, jeder Handgriff war nach einer Weile Routine.

An einem sonnigen Samstag Nachmittag im August trafen sie sich wieder einmal, und sie hatten ein neues, längeres Seil dabei. Die ideale Länge für die risikofreudigen Männer, die alle etwa dasselbe wogen. Mit dem neuen Seil wurden sie bis zum Wasser hinuntergezogen und konnten den Kopf in den kühlen Fluss tauchen.

Als jedoch der Letzte von ihnen an die Reihe kam, wollte er die anderen übertrumpfen. Er gab ein paar markige Sätze von sich, nahm von der Straßenmitte Anlauf und sprang mit einem weiten Satz vom Brückengeländer ab. Mit an den Körper gepressten Armen sauste er in die Tiefe, um möglichst wenig Luftwiderstand zu erzeugen.

Erst auf halbem Weg bemerkte er das Kanu auf dem Fluss, dessen Insassen natürlich nicht in die Höhe sahen. Der junge Mann raste genau auf das Boot zu, er stieß einen Schrei aus, um die Wochenendpaddler zu warnen, und sie wandten ihre Köpfe nach oben. Doch es war viel zu spät, um zu reagieren. Er traf mit seiner Stirn genau auf das Gesicht des einen Bootsfahrers. Mit einem lauten Knacken brach die Nase, und der Mann kippte aus dem Kanu, wobei er das Gefährt zum Kentern brachte. Die anderen beiden Paddler fielen ins Wasser, konnten sich aber ans Ufer retten. Ihr Freund jedoch war von dem Schlag benommen, er trieb mit der Strömung ab. Laut riefen die Freunde seinen Namen, doch der junge Mann wurde davongespült. Er kam zu spät zu sich, um noch an Land zu schwimmen, bevor der Fluss ihn in ein Wasserkraftwerk zerrte. Seine letzten Schreie wurden vom lauten Mahlen der Turbinen verschluckt.

Der Bungeespringer erlitt lediglich eine Gehirnerschütterung, doch keiner der vier Männer ist je wieder von dieser Brücke gesprungen.

DAS GELIEHENE KLEID

Eine junge Frau aus bescheidenen Verhältnissen wurde durch glückliche Umstände zu einem Ball eingeladen, wo sich in erster Linie Leute aus der gehobeneren Gesellschaft tummelten. Ihre größte Sorge war, dass sie nichts Passendes anzuziehen hatte und so unangenehm auffallen würde. Dies gab ihr besonders zu denken, da sie wusste, dass sie gut aussah, und insgeheim hoffte, einem der auf dem Ball anwesenden Männer zu gefallen. Sie tagträumte vom gesellschaftlichen Aufstieg und dem Ende des zehrenden Jobs an der Supermarktkasse. Von einem ebenso galanten wie betuchten Prinzen, der sie zunächst umwerben und ihr – ungeachtet der ärmlichen Herkunft – die Ehe versprechen würde. Doch all diese Träume waren chancenlos mit der billigen Kleidung von der Stange, die sie besaß.

Ihre Freundin, der sie das Problem schilderte, riet ihr, sich ein Kleid zu leihen, und sie nahm den Vorschlag begeistert auf. Bei einem Pfandleiher ums Eck fand sie tatsächlich ein wunderschönes weißes Abendkleid aus edlen Stoffen, das ihr fast perfekt passte. Zwei Tage hungerte sie, dann saß es wie angegossen. Auch ihre Freundin bestätigte neidlos, sie sehe blendend aus.

Hochzufrieden ging sie nun zu dem Fest, und auch hier verfehlte das Kleid seine Wirkung nicht. Auf dem Ball fiel sie einer ganzen Reihe von Männern auf, und einer nach dem anderen forderte sie zum Tanz, brachte ihr einen Drink, prahlte vor ihr mit seinem Besitz und seinen Heldentaten oder kämpfte anderweitig um ihre Aufmerksamkeit. Und sie tanzte und tanzte, drehte sich glücklich unter den bewundernden Blicken ihrer Galane, und ihr ehrliches Lachen wirkte nur noch anziehender auf weitere Verehrer.

Doch das Tanzen erschöpfte sie, das Kleid saß eng und erschwerte das Atmen, die warme Luft trieb ihr den Schweiß aus den Poren. Und so setzte sie sich, um ein wenig auszuruhen. Zu ihrer Verzweiflung kehrte ihre Kraft jedoch nicht wieder, sie fühlte sich von Minute zu Minute schwächer und es schien ihr fast, als werde sie krank. Sie zwang sich zu einem weiteren Tanz, doch dann verließen sie endgültig ihre Kräfte. Sie fühlte sich einem Zusammenbruch nahe und beschloss verzweifelt, heimzukehren. Einer der Kavaliere erbot sich, sie zu begleiten, doch sie lehnte ab und bat lediglich um ein Taxi. Allzu sehr schämte sie sich für die Gegend, in der sie lebte.

Daheim angekommen fiel sie auf das Bett. Sie fühlte sich außerstande, sich zu waschen oder gar das Kleid auszuziehen.

Am nächsten Tag stürmte ihre Freundin, die einen Schlüssel der Wohnung besaß, in das Zimmer. Sie hatte sich erkundigen wollen, wie der Abend gelaufen war, doch sie sollte es nicht erfahren. Bleich und tot lag die junge Frau auf ihrem Bett.

Die Obduktion ergab, dass die junge Frau an einem Einbalsamierungsmittel gestorben war. Es musste sich an dem Kleidungsstück befunden haben und war, als das viele Tanzen sie erhitzt hatte, in den Körper eingedrungen. Nach einem Hinweis der Freundin auf den Pfandleiher stattete die Polizei diesem einen Besuch ab. Der Mann leugnete erst alles, gab jedoch schließlich zu, dass er das Kleid von einem Bestattungsunternehmer erhalten habe. Dieser wiederum habe es aus Profitgier einer Toten abgenommen, ehe er ihren Sarg endgültig verschloss, um ihn der Erde zu überantworten.

FEIERN, BIS DER ARZT KOMMT

Ein Student war auf einer Party eingeladen und ließ es sich bei Bier und härteren Alkoholika gut gehen. Ein Joint machte die Runde, und auch da sagte er nicht nein, auch nicht zu dem zweiten. Die Stimmung war ausgelassen, und schnell lernte er eine schöne Frau in seinem Alter kennen. Dummerweise war sie noch auf eine andere Party eingeladen, und irgendwann stellte sie mit Bedauern fest, nun müsse sie aber wirklich los. Allerdings schien auch sie von dem jungen Mann angetan, denn sie fragte ihn, ob er nicht mitkommen wolle. Dort gehe noch mehr ab, die Leute wüssten wirklich zu feiern, bis der Arzt kommt.

Bei einem solchen Angebot musste er nicht lange überlegen, und eine halbe Stunde später betraten sie ein leer stehendes Haus, in dessen unterstem Stockwerk die Party bereits in vollem Gange war. Laute Musik heizte den schweißüberströmten Tanzenden ein, und es gab jede Menge zu trinken, zu rauchen, einzuwerfen und zu schnupfen. Und auch wenn der Student noch ein paar träumerische Vorstellungen gehabt hatte, was er mit dieser Frau die Nacht über noch anzustellen gedachte, brachte er sich unfreiwillig selbst davon ab. Aus Unerfahrenheit und Neugier heraus nippte er hier, schnupfte dort, zog hier und knabberte da, bis sein Bewusstsein in Schwärze versank.

Er erwachte nackt in einer mit Eis gefüllten, rostigen Badewanne auf irgendeiner dunklen und verlassenen Nebenstraße – neben einem öffentlichen Telefon, aber fern aller Partygeräusche. Der Kopf war ihm schwer, und er konnte sich beim besten Willen nicht erinnern, wie er hierher gekommen war. Auf seinen Körper war mit Lippenstift eine Nachricht geschrieben.

»Rufe ein Krankenhaus oder du stirbst.«

Dazu die passende Nummer und eine Telefonkarte. Er

befolgte die Anweisungen und berichtete mit schwerer Zunge von seiner Situation. Auf der Telefonsäule fand sich ihr Standort verzeichnet, und so konnte er recht schnell lokalisiert und ein Krankenwagen losgeschickt werden.

Während er wartete, entwirrte er langsam die verschiedenen Taubheitsgefühle und Schmerzen seines Körpers. Als er seinen Rücken abtastete, fand er zwei frische Nähte knapp oberhalb des Beckens, und die kalte Angst ergriff ihn. Der ankommende Notarzt bestätigte seine schlimmsten Befürchtungen. Irgendjemand hatte dem jungen Mann seine beiden Nieren entnommen, vermutlich, um sie auf dem Schwarzmarkt für gutes Geld zu verkaufen. Der Student wurde sofort auf die Intensivstation gebracht, wo das lange und nervenzehrende Warten auf eine dringend nötige Spenderniere begann.

FRÖHLICHES TAUZIEHEN

Im Herbst 1997 wurde in Taipeh auf Taiwan der 52. Jahrestag des Endes der japanischen Besetzung gefeiert. Wie immer wurde das Fest mit viel Brimborium begangen. Einen der Höhepunkte sollte das Tauziehen bilden, an dem sich die sagenhafte Anzahl von gut 1.600 Personen beteiligte. Der gewissenhafte Veranstalter warnte die Teilnehmer zuvor ausdrücklich, sich das Seil nicht um das Handgelenk oder den Arm zu winden. Dies gebe zwar besseren Halt, könne aber zu grausigen Verletzungen führen, wenn der Zug plötzlich zu groß würde. Denn dann gebe es keine Möglichkeit mehr, das umschlungene Körperteil aus dem Seil zu winden.

Nachdem nun die Menge in zwei Gruppen geteilt und die Siegesbedingungen festgelegt waren, begann der Wettkampf. Unter den fanatischen Anfeuerungsrufen der Zuschauer legten sich gerade die Kontrahenten an vorderster Front voll ins Zeug, Auge in Auge mit den Gegnern.

Viele hatten mit einem halbwegs ausgeglichenen Kampf gerechnet, doch keiner damit, dass das 5cm dicke Seil der gigantischen Zugkraft nicht standhalten konnte. Mit einem lauten Schnalzen riss es nach nur wenigen Sekunden, und die zurückpeitschenden Enden hatten eine solche Wucht, dass sie zwei Teilnehmern je einen Arm abrissen.

Ein entsetzter Schrei lief durch die Versammelten. Die anwesenden Sanitäter reagierten vorbildlich. Sie versorgten die Verletzten und kühlten die abgetrennten Extremitäten, bis der Krankenwagen kam. Und tatsächlich gelang es den Ärzten, die Gliedmaßen wieder anzunähen.

TYSONS VORGÄNGER

Im Fasching 1985 kam es im Stadtteil Oberrad in Frankfurt am Main zu einer handgreiflichen Auseinandersetzung zwischen zwei jungen Männern. Beide Anfang zwanzig und vom Alkohol und der närrischen Stimmung gleichermaßen aufgepeitscht, gerieten sie bei einer Fastnachtssitzung über eine Lappalie verbal aneinander. Der Streit schaukelte sich schnell hoch, beide fühlten sich in ihrer Ehre gekränkt und keiner wollte nachgeben, schon gar nicht vor den anwesenden Damen.

Schließlich entschlossen die beiden sich, das Ganze wie echte Männer vor der Türe zu klären und schritten mit entschlossenem Blick nach draußen. Die anderen blieben im warmen Haus, sie kannten die beiden Hitzköpfe schon zur Genüge. Doch bald darauf hörten sie einen lauten, schmerzvollen Schrei und stürzten hinaus.

Dort hielt einer der beiden Streithähne sich die Hände vor das blutige Gesicht, beschimpfte den anderen und rief immer wieder: »Wo ist sie?«

Der Angeschriene hatte einen blutverschmierten Mund und keifte zurück: »Du hast doch damit angefangen.« Und mit einem trotzigen Blick auf die Herbeigeeilten versicherte er: »Er hat zuerst gebissen!« Er habe nur zurückgebissen und plötzlich die Nase des anderen im Mund gehabt. Das sei eklig gewesen, und er habe sie ausgespuckt, irgendwo in das Gesträuch da drüben. Und zur Bekräftigung spuckte er gleich noch einmal blutigen Speichel auf den Boden.

Eine Frau mit klarem Kopf rief den Krankenwagen, während drei andere die Nase suchten und fanden. Sie konnte im Krankenhaus wieder angenäht werden. Doch Jahre vor Mike Tysons legendärem Ohrbiss im Boxring, als Kratzen und Beißen noch als »weibisch« galt, hatten die beiden den Ruf von »echten Männern« erst einmal verloren.

KAKTUSKILLER

Im Naturschutzgebiet der Sonora-Wüste im Süden Arizonas wachsen die so genannten Saguaro Kakteen, die immer wieder in diversen Western und Roadmovies als Kulisse herhalten müssen. Bis zu 200 Jahre alt und bis zu 15 Metern hoch, sind sie in der kargen Umgebung ein beeindruckender Anblick, gerade wenn sie neben ihrem Stamm auch über zwei oder mehr Arme verfügen.

Anfang der 80er Jahre des 20. Jahrhunderts machten sich zwei junge Männer mit ihren Schusswaffen im Gepäck auf den Weg in die nahe Wüste, um dort ein Zielschießen zu veranstalten. Wie und warum sie auf die Idee kamen, statt auf die mitgebrachten Dosen auf die Kakteen zu ballern, ist nicht überliefert. Vielleicht stieg ihnen die Sonne zu sehr zu Kopf, und es verlangte sie in ihrer Wild-West-Begeisterung nach einem Ziel, das stärker an einen Menschen erinnerte, was bei den Saguaros mit ihren seitlichen Armen manchmal der Fall ist. Jedenfalls leerte der eine der beiden Männer sein Magazin in einen übermannsgroßen Kaktus. Er zerschoss das zähe Fleisch knapp über dem Boden, und der Kaktus stürzte um.

»Das war witzlos, jetzt ein großer Bursche!«, rief er übermütig, zog seinen zweiten Revolver und stellte sich mit in den Gürtel gehaktem Daumen vor einen Saguaro von fast 10 Metern Höhe. »Dreckige Grünhäute«, knurrte er und spuckte auf den Boden. Sein Kumpel lachte schenkelklopfend über die John-Wayne-Pose des selbst ernannten Kaktuskillers. Derart angespornt feuerte der Killer johlend eine Kugel neben die andere in den Stamm des Saguaros. Bevor aber er oder sein Kumpel die Gefahr erkannten, gab der grüne Riese nach. Er stürzte dem Schützen entgegen, so dass dieser zu Boden gerissen und dort von den dicken fingerlangen Stacheln festgenagelt wurde.

Der Kaktus ließ sich keinen Millimeter bewegen, und bis sein Kumpel aus der nächsten Ortschaft Hilfe geholt hatte, war der junge Mann unter dem Kaktus elend seinen Verletzungen und dem Blutverlust erlegen.

LEBENSECHTE REQUISITEN

Freizeitparks sind in den Vereinigten Staaten viel verbreiteter als bei uns in Deutschland. Größer sind sie überdies, und das gilt nicht nur für Disneyland. Die Attraktionen jedoch sind vergleichbar. Achterbahnen, Wildwasserfahrten, Spiegelkabinette, eben das ganze bekannte Spektrum der Unterhaltung erwarten die Besucher. Dazu gibt es Westernshows, Piraten, Ritter und Geisterbahnen. Und wie überall auf der Welt versuchen die Jungs auch hier die Mädchen in ihrer Begleitung mit ihrem Mut zu beeindrucken.

In einem Freizeitpark in Kalifornien nun war eine Gruppe Teenager in einer Art Geisterkabinett unterwegs. Ein kaum beleuchtetes und zu Fuß begehbares Labyrinth mit allerlei Monsternachbildungen, im Dunkel herabhängenden Bändern, die sich plötzlich auf die Gesichter der Besucher legten, und überall lauernden Licht- und Geräuscheffekten. Die Mädchen zitterten, quietschten und griffen furchtsam nach Händen und Jackenzipfeln ihrer Begleiter, während die Jungs mit aufgesetzt lässigem Gerede herumalberten und mit ihrer Tapferkeit prahlten.

Doch einem war dies nicht genug. Feixend baute er sich neben der schmutzig gelb angeleuchteten Nachbildung eines Gehenkten auf und forderte diesen heraus. Er möge doch vom Galgen herabsteigen und sie begleiten. Eines der Mädchen schrie »Neeeeiiiiin!«, und natürlich geschah es auch nicht.

Einer der anderen Jungen allerdings befürchtete nun, bei den Mädels ins Hintertreffen zu geraten. Schnell sprang er hinzu, um dem Gehenkten kräftig die Hand zu schütteln, sprach ihm mit todernster Miene sein herzliches Beileid zu seiner augenblicklichen Situation aus und empfahl ihm, er möge sich doch nicht so hängen lassen. In seinem Überschwang aber riss er dem Gehängten versehentlich den

Arm an der Schulter aus. Die Mädchen kreischten, und eine schimpfte, er könne doch nicht einfach fremdes Eigentum zerstören. Die anderen Jungs aber lachten nur und alberten weiter: »Dafür musst du zahlen ...«

Hastig versuchte er, den Arm wieder zu befestigen. Dabei nahm er ihn, soweit dies in dem flackernden, matten Licht überhaupt möglich war, zum ersten Mal näher in Augenschein. Und er entdeckte, dass es sich nicht um eine Nachbildung handelte, sondern um den mumifizierten Arm einer echten Leiche. Das alte Fleisch war gerissen, die Schulter sauber ausgekugelt. Voller Entsetzen ließ er den Arm fallen, und die ganze Gruppe rannte schreiend aus dem Geisterkabinett.

GEBURTSTAG IM VERGNÜGUNGSPARK

Was ein traditioneller Jahrmarkt für ein paar Tage oder wenige Wochen im Jahr bietet, erwartet die Besucher in den immer beliebter werdenden Vergnügungsparks à la Disneyland das ganze Jahr über. Abenteuer ohne Risiko, der zivilisierte Adrenalinkick wird versprochen. Hundertprozentige Sicherheit aber kann von Seiten der Veranstalter nicht geboten werden, wie ein zwölfjähriges Mädchen erfahren musste, das mit seinen Eltern und besten Freundinnen Geburtstag in einem solchen Park feierte.

Das Mädchen hatte sich seit Wochen auf den Besuch gefreut. Und kaum hatten sie das Eingangstor passiert, teilte sie ihren Eltern strahlend mit, jetzt sei sie alt genug und dürfe selbst entscheiden, wo sie mitfahren wolle.

»Und ich sage: Überall!«

Die Eltern lachten, das Mädchen auch, und dann eilte sie zur Achterbahn mit Looping, von dort weiter zur Wildwasserfahrt, zum Express, der Speedbahn und allen anderen Attraktionen, die ihr der Vater im vergangenen Jahr noch verboten hatte.

Übermütig sprangen die Mädchen in ein Gefährt, das sich Power-Wheel nannte, und in dem sich die einzelnen Zweisitzer gegen die rasante Laufrichtung der gesamten Konstruktion drehten. Laut lachten sie, als sie durch die warme Frühlingsluft gewirbelt wurden. Die Haare flatterten im Fahrtwind, und als das Power-Wheel mit viel Hallo noch einmal richtig Gas gab, verfingen sich die langen Haare des Geburtstagskindes in einem kleinen Spalt, hinter dem sich eine Verbindung zur Maschinerie des Gefährts befand.

Eigentlich hätte diese Ritze abgedichtet sein müssen, doch was schert den Zufall die graue Theorie. Die Haare hingen fest und wickelten sich mit jeder Umdrehung des Sitzes unaufhaltsam auf. Ihr Kopf wurde nach hinten gezogen, sie schrie panisch, ihre Freundin brüllte, doch viele Leute um sie kreischten vor Vergnügen, und so wurde das Unglück erst gar nicht wahrgenommen. Als der Betreiber schließlich reagierte, war es fast zu spät. Der Kopf des Mädchens war an die Aufhängung gepresst worden, die Haare ihr vom Kopf gerissen und mit Teilen der Kopfhaut in den Motor gezogen. Sie überlebte mit Glück. Das Power-Wheel aber hatte sie binnen weniger Sekunden praktisch skalpiert.

SPORT IST MORD

Ein nur halbwegs sportlicher Mann Mitte 30 spielte jede Woche zwei Stunden Golf, und nach dieser Anstrengung war er stets erschöpft. Dann aber stand ein Turnier ins Haus. Der Ehrgeiz packte ihn, und so beschloss er, das Training über den Punkt der angenehmen Erschöpfung hinaus zu intensivieren. Als er zum ersten Mal einen ganzen Nachmittag hindurch Golf gespielt hatte, fühlte er sich völlig ausgelaugt. Nach dem dreißigsten Loch kamen Kopfschmerzen hinzu, doch er machte weiter und biss die Zähne zusammen.

Weitere zehn Loch später fühlte er sich fiebrig und wünschte sich nur noch ein Bett und Ruhe. Also rief er sich ein Taxi. Sein Auto wollte er dann am nächsten Tag holen. Den allerdings verbrachte er mit 40 Grad Fieber im Bett. Offenbar brütete er eine schwere Grippe aus. Seine besorgte Frau rief einen Arzt, und nur wenige Stunden später fand der Mann sich in einem Krankenhaus wieder, dem Delirium nahe. Seine Stirn glühte. Auf seiner geröteten Haut bildeten sich langsam Blasen, ganz so, als würde die Hitze des Fiebers sich dorthin übertragen.

Zwei Tage lang forschten die Ärzte nach der Ursache für sein Leiden, und dann wurden sie fündig. Eine giftige Substanz im Körper des Mannes, die üblicherweise in Pflanzenschutzmitteln Verwendung findet, hatte eine heftige allergische Reaktion hervorgerufen.

Wie sich herausstellte, wurde eben dieses Pflanzenschutzmittel auch auf dem Golfplatz verwendet. Die Ärzte vermuteten, es müsse durch seine Poren in den Körper eingedrungen sein, jedesmal wenn er mit dem Gras in Berührung gekommen war. Zwei Stunden Spiel hatten ihn regelmäßig erschöpft, doch an einem ganzen Nachmittag immer wieder Kontakt mit dieser Substanz zu haben, brachte ihm den

Tod; die Ärzte konnten ihn trotz ihres Wissens nicht mehr retten. Drei Tage nachdem er eingeliefert worden war, war fast seine gesamte Haut verbrannt und die Leber völlig zerstört. Er starb unter starken Schmerzen.

WILLKOMMEN IM CLUB

Ein junger Mann ging im Juli 2001 zum ersten Mal zur Loveparade in Berlin. Schon bald verlor er seine Kumpel in dem Gedränge aus den Augen, was ihn aber nicht weiter störte, lernte er doch gleich eine charmante Frau kennen. Zusammen ließen sie sich von der Menge mitreißen, tanzten ausgelassen, traten anderen auf die Füße und steckten verschiedene Knüffe ein. Die Luft vibrierte von der stampfenden Musik, der Schweiß floss in Strömen, kurz, sie hatten einen Heidenspaß. Irgendwann spürte der Mann einen Stich in der Seite, wie von einem großen Insekt, aber er dachte sich in dem ganzen Gewühl nichts dabei.

Es wurde dunkel, die Menschen verzogen sich in die verschiedenen Clubs oder, wie unser Mann und seine neue Begleiterin, in ruhige Ecken in einem Park. Betrunken und im Liebestaumel dachten die beiden nicht an Kondome. Die Frau wusste, dass sie die Pille nahm, und der Mann ging stillschweigend davon aus.

Nach der Zigarette danach wollten sie sich noch Bier aus einer Tankstelle holen und weiterfeiern. Bei der Suche nach Geld in seinen diversen Taschen fand er jedoch einen Zettel. Auf dem stand in fetten Buchstaben: »Willkommen im Club!«

Verwundert las er weiter und wurde bleich. Der folgende hämische Satz informierte ihn, er sei mit einer HIV-infizierten Nadel gestochen worden und nun auch zum Tode verurteilt. Dunkel erinnerte er sich an den Stich vom Nachmittag und sackte zusammen. Und nicht nur er war infiziert, sondern auch seine neue Flamme, wie ein entsprechender Bluttest bewies.

KAPITEL 10

ARBEIT

Nach so viel Freizeit darf natürlich das Arbeitsleben auch nicht zu kurz kommen. Hier hat jede Berufsgruppe (nein, Psychopathen bilden keine Berufsgruppe ...) unzählige eigene moderne Sagen von Peinlichkeiten und Pannen parat. Daneben existieren Sagen zum Verhältnis von Chef zu den Angestellten, oder zu Verhältnissen von Angestellten mit dem Chef. Diese Sagen sind selten berufsspezifisch, sondern ähneln sich quer durch die Bank.

Und zu guter Letzt wimmelt die moderne Sagenwelt noch von Geschichten, die sich die Kunden einer bestimmten Berufsgruppe erzählen. Hier geben sich Vorurteile gegenüber Beamten oder Handwerkern die Klinke in die Hand. Frei nach dem Motto: Wie aus Kunden Opfer werden. Doch ob Kunde oder nicht, Opfer gibt es auch in diesem Bereich der modernen Sagen reichlich.

DER TOTE ARM

Eine Krankenschwester war in ihrem Krankenhaus nicht sonderlich beliebt. Sie blieb viel für sich, behandelte die anderen arrogant, pochte permanent auf ihre Rechte, war aber auch im Gegenzug selten bereit, spontan zu helfen, wenn die geforderte Tätigkeit nicht exakt zu ihren Pflichten gehörte. Und das in einem Krankenhaus, in dem die Schwestern nicht nur arbeiteten, sondern auch wohnten, sich also auch nach Feierabend noch über den Weg liefen.

Eines Tages zeigte die Schwester sich wieder einmal von ihrer besonders unkollegialen Seite, und so beschlossen die anderen, ihr einen derben Streich zu spielen. Sie entwendeten einen frisch amputierten Arm aus der Chirurgie, um ihn im Lauf der Nacht in ihr Bett zu legen. Leise schlichen sie in ihr Zimmer und schoben das Körperteil unter ihre Bettdecke.

Sie wussten, dass die junge Frau abergläubisch war und wahrscheinlich einen riesigen Schrecken erleiden würde, hofften jedoch, der Schock werde auch etwas bewirken. Dass sie mehr Respekt ihnen gegenüber zeigen und sich fortan besser in die Gemeinschaft integrieren würde.

Vielleicht würde man irgendwann sogar gemeinsam darüber lachen können.

Doch am nächsten Morgen erschien die unbeliebte Kollegin überhaupt nicht zur Arbeit. Besorgt, ob sie nicht krank sei, oder ob sie den Scherz mit dem Arm zu persönlich genommen habe, gingen drei Schwestern zu ihrem Zimmer und sahen nach ihr. Und erschraken bei dem, was sie zu sehen bekamen.

Ihre Kollegin kauerte auf dem Bett, neu erwachter Wahnsinn brannte in ihren Augen, und das einst dunkle Haar war nun weiß wie das einer Greisin. Ihr Gesicht war eingefallen, und knurrend wie ein Hund nagte sie an dem Leichenarm herum. Sie hielt ihn fest umklammert und ließ erst los, als der gerufene Psychiater sie mit einer Spritze beruhigt hatte.

FENSTERTEST

Im Juli 1993 war eine Gruppe Jurastudenten bei einer Rechtsanwaltskanzlei in Toronto zu Gast. Sie wurde von einem 38-jährigen Anwalt herumgeführt, der solche Aufgaben für die Kanzlei immer übernahm. Ein lebendiger, einnehmender Mann, der für jeden Spaß zu haben war, und gleichzeitig sein Wissen gut vermitteln, ja richtiggehend demonstrieren konnte.

So hatte er sich schon im vollen Vertrauen auf die Dicke des Glases mit seinem ganzen Körper gegen ein Fenster geworfen, um einem Kollegen lachend zu zeigen, dass es hier einfach nicht geöffnet werden konnte. Ein einfacher Scherz, aber der Kollege zuckte unwillkürlich zusammen; immerhin befand sich die Kanzlei im 26. Stock eines Hochhauses.

Und der Zufall – oder die beeindruckende Aussicht aus dieser Höhe – wollte es, dass einer der Studenten genau dieses Thema ansprach. Diese gläsernen Wände seien zwar sehr schön, aber könne man sich direkt davor eigentlich sicher fühlen? Verschwand dieses mulmige Gefühl in der Magengegend, wenn man täglich hier arbeitete?

Der Anwalt lächelte nur, hob den rechten Zeigefinger und forderte verschmitzt: »Passen Sie auf.«

Er nahm drei Schritte Anlauf, schob die Ärmel demonstrativ zu den Ellbogen hinauf, verlangte nach einem Tusch und sprang dann mit voller Wucht in die Scheibe. Ein paar Studenten zuckten schon bei seinem Anlauf zusammen oder schlossen die Augen, andere lachten und feuerten ihn an. Doch als das Glas tatsächlich unter seinem Gewicht splitterte, erklang der Schrei der Studenten wie aus einem Mund. Helfen und ihn halten konnte niemand mehr. Er stürzte über 20 Stockwerke in die Tiefe und war sofort tot.

Warum gerade diese Scheibe nachgegeben hatte, konnte

nicht geklärt werden, doch das Vertrauen der Kollegen in ihre Sicherheit war dahin. Etliche suchten sich einen neuen Arbeitsplatz in einer Firma im Erdgeschoss.

GEFÄHRLICHE ZEITUNG

Wir kennen sie vor allem aus Film und Fernsehen, die Zeitungsjungen Amerikas, wie sie auf ihren Rädern durch Klein- und Vorstädte strampeln, von einem zaunlosen Grundstück zum nächsten, um ihr spärliches Taschengeld aufzubessern. Und da sie nicht nach Stunden, sondern nach verteilten Exemplaren bezahlt werden, haben sie es meist eilig und werfen gerade im sonnigen Süden, wo die Gefahr von das Papier aufweichendem Regen gering ist, die Zeitung einfach mit Schwung vor die Türen der Abonnenten.

Ein Zeitungsjunge in Kalifornien hatte wieder einmal einen besonders anstrengenden Tag; denn die Los Angeles Times ist an manchen Tagen dick wie ein Telefonbuch, und ein Exemplar kann auch schon mal um die zwei Kilogramm wiegen. An solchen Tagen war Zeitungsaustragen richtig körperliche Arbeit, 20 Exemplare bedeuteten 40 Kilogramm zusätzliches Gewicht auf dem Rad, und er schwitzte schon nach wenigen Häusern. Doch er biss die Zähne zusammen und beeilte sich, um schnell mit der Arbeit fertig zu werden. Als begeisterter Baseballspieler hatte er auch genug Kraft im Arm, um die schweren Dinger ordentlich werfen zu können.

Endlich zu Hause wollte er gleich wieder los, sich mit seinen Freunden treffen, doch seine Mutter zitierte ihn zu sich. Eben habe ein Mann vom Zeitungsverlag angerufen. Eine seiner Kundinnen hatte sich beschwert und wollte Klage einreichen. Das schwere Exemplar der Los Angeles Times habe ihren im Vorgarten dösenden Hund getroffen und erschlagen.

Der Frau wurde letztlich von der Zeitung Schadensersatz angeboten, und der Junge, dem sein tödlicher Wurf sehr Leid tat, suchte sich einen neuen Job.

EINE EINFACHE REPARATUR

Eine junge Frau hatte Probleme mit ihrem Auto und brachte es in ihre Werkstatt. Einer der Mechaniker warf einen kurzen Blick auf den Motor, dann versprach er, er könne die Angelegenheit gleich erledigen, sie müsse sich lediglich ein Stündchen gedulden. Sie könne gerne hier warten, oder die Zeit sinnvoller nutzen und einkaufen oder anderes erledigen. Nur ihren Autoschlüssel müsse sie für alle Fälle hier lassen, damit er den Wagen auf die Hebebühne fahren könne und wieder herunter. Gesagt, getan. Sie drückte ihm ihren Schlüsselbund in die Hand und ging in den Supermarkt gegenüber, um noch ein paar Besorgungen zu erledigen.

Ein halbe Stunde später kam sie zurück und wartete noch ein wenig auf einer sonnigen Bank vor dem Autohaus. Dann konnte sie mit ihrem Wagen gleich wieder heimfahren.

Wenige Tage darauf erwachte sie plötzlich in der Nacht, als ein maskierter Mann ihr ein Isolierband auf den Mund klebte. Bevor ihr überhaupt klar wurde, was hier geschah, hatte er auch ihre Arme ans Bett gefesselt und ihre Beine brutal gespreizt. Sie hatte keine Chance, sich gegen die Vergewaltigung zu wehren.

Als sie sich nach der Tat befreien konnte, rief sie die Polizei. Diese konnte keine Spuren eines Einbruchs erkennen, auch die Nachbarn hatten nichts gehört. Doch weitere Nachforschungen in diesem und in anderen, ähnlichen Fällen brachten die ermittelnden Beamten schließlich auf die richtige Spur. Der zuvorkommende Mechaniker aus ihrer Werkstatt erwies sich als Täter, und sein Vorgehen folgte immer demselben Schema. Er ließ sich unter unterschiedlichen Vorwänden die Schlüssel der jungen weiblichen Kundinnen geben und erhielt von ihnen meist den ganzen Bund, nicht nur die Autoschlüssel. In der Werkstatt befand sich eine

Maschine, um die Schlüssel nachzumachen, und dort fertigte er Kopien der betreffenden Wohnungsschlüssel an. Die Adressen der Frauen entnahm er der Kundenkartei.

AUTOPSIE IN BROOKLYN

Mitte der achtziger Jahre hatte New York einen wirklich üblen Ruf, und es gab eine ganze Reihe von Toten, die sicher nicht an einer natürlichen Ursache gestorben waren. Und so waren Autopsien praktisch an der Tagesordnung.

Ein erfahrener Pathologe aus Brooklyn hatte schon eine Reihe solcher Untersuchungen durchgeführt, und so war es reine Routine, als er eines Abends eine neue Leiche auf seinen Tisch bekam, die äußerlich kaum eine Wunde aufwies. Routine oder nicht, er sah mit einem Seufzer auf die Uhr: Zehn Minuten vor Feierabend, er würde wohl wieder nicht pünktlich nach Hause kommen. Dann griff er nach dem Skalpell und setzte einen ersten Schnitt. Zumindest wollte er das. Doch sobald er ein paar Zentimeter weit gekommen war, sprang die Leiche mit vor Schmerz verzerrtem Gesicht auf und ging ihm mit einem lauten »Hey!« an die Gurgel.

Der Mann war nur scheintot gewesen, der Angriff ein Reflex auf die scheinbare Bedrohung durch den Messerstecher im weißen Kittel. Der Arzt aber wurde durch diese Reaktion seiner vermeintlichen Leiche völlig überrascht. Er erlitt einen Schock, an dem er sofort starb.

KAPITEL 11

SOLDATEN UND KRIEG

Themenkomplexe, die sich schon von Natur aus mit Tod und Gewalt beschäftigen, sind der Krieg, die Nachkriegszeit oder das Soldatenleben. Die modernen Sagen dieser Kategorie dürften wohl vor allem Soldaten selbst und ihren Freunden und Angehörigen bekannt sein. Militär und Zivilisten scheinen in getrennten Welten zu leben, Welten, die in den Sagen manchmal aufeinander treffen.

DER VERKRÜPPELTE FREUND

Ein junger Soldat aus Texas kehrte endlich aus dem Vietnamkrieg zurück. Als er in den Vereinigten Staaten gelandet war, rief er als Erstes seine Eltern an, um sich anzukündigen, sich und einen Freund, den er mitbringen wollte. Die Eltern freuten sich über seine sichere Rückkehr, und selbstverständlich könne er auch gern seinen Freund mitbringen. Sie würden sich schon freuen, ihn kennen zu lernen, sagten sie. Doch die Pläne des jungen Mannes gingen weiter.

»Es ist vielleicht besser, ihr erfahrt es gleich. Mein Freund hatte nicht viel Glück dort drüben«, sagte er. Und er erzählte, wie sein Freund im Kampf schwer verwundet worden war, dass er einen Arm und ein Bein verloren habe und daher sicherlich kein schöner Anblick sei.

»Dennoch«, fuhr er fort, und seine Stimme klang klar und bestimmt, »möchte ich, dass er von nun an bei uns lebt.«

Die Eltern schluckten kurz und drückten dann ihr Beileid für den Freund des Sohnes aus. Sie versprachen, für ihn eine Bleibe zu finden. Doch der junge Soldat beharrte darauf, dass dieser bei ihnen bleiben solle. Schließlich habe er sonst niemanden mehr. Schon hatte die Mutter ein »Nun kommt erst einmal her, wir finden schon gemeinsam eine Lösung« auf den Lippen, als der Vater das Gespräch übernahm.

»Hör zu, Junge, das geht nicht. Er braucht Betreuung rund um die Uhr, er kann uns nicht auf der Farm helfen, sondern ist nur eine Belastung, so hart das jetzt klingen mag. Das Leben ist auch so schwer genug, wir können uns das nicht leisten. Lade ihn gerne ein paar Tage ein, aber nicht länger. Besser wäre es allerdings, du vergisst ihn gleich. Er wird schon zurechtkommen. Irgendwer wird sich gewiss um ihn kümmern, wir aber können das nicht.«

Die letzten Worte sprach er schon gegen das Freizeichen im Telefonhörer an; sein Sohn hatte grußlos aufgelegt.

Die nächsten Tage hörten sie nichts mehr von ihm, er meldete sich nicht, kehrte auch nicht auf die Farm heim. Dann erhielten sie einen Anruf der Polizei von San Francisco. Ein junger Mann, den Papieren nach ihr Sohn, war von einem mehrstöckigen Gebäude gestürzt. Er sei sofort tot gewesen. Die Polizei vermutete, es sei Selbstmord gewesen, und sie würde sie bitten, vorbeizukommen, und ihren Sohn zu identifizieren.

Die Eltern machten sich niedergeschlagen auf den Weg. Warum hatten sie ihm seine Bitte am Telefon abgeschlagen? Sie hätten die beiden doch erst einmal kommen lassen können, um dann weiter zu beraten.

Bei dem Toten handelte es sich tatsächlich um ihren Sohn. Doch erst als sie die Leiche sahen, verstanden sie das Ausmaß ihres Fehlers. Ihrem Sohn fehlten ein Arm und ein Bein. Er musste beide in Vietnam verloren haben. Und tatsächlich, von seinem angeblich verkrüppelten Freund hatte niemand je etwas gehört.

KAMIKAZEHUNDE

Wenn über Krieg geredet wird, kommt die Sprache immer wieder auf irgendwelche Wunderwaffen, seien es technische Neuerungen oder ausgeklügelte Improvisationen. Folgende Geschichte erzählt man sich über die Russen und die ungewöhnliche Art, mit der sie im zweiten Weltkrieg Hunde eingesetzt haben sollen.

Ein Offizier war für sein unorthodoxes Vorgehen und Improvisationstalent bekannt und beliebt. Und er sorgte dafür, dass die Hunde in seiner Kompanie immer wieder unter ihren Panzern gefüttert wurden, in der Kaserne und auch auf dem Weg zur Front. Dort angekommen jedoch ließ man die Tiere hungern. Dann band man ihnen Sprengladungen auf den Rücken, stark genug, einen Panzer an seiner Unterseite zu zerstören, und führte sie auf das Schlachtfeld nahe der deutschen Linien. Die Russen erwarteten nun, dass die hungrigen Tiere auf der Suche nach Nahrung unter die feindlichen Panzer spurten würden, wo die Lunte dann abbrennen und alles explodieren würde.

Doch sie hatten die Rechnung ohne ihre treuen Vierbeiner gemacht. Die Hunde konnten scheinbar zwischen deutschen und russischen Panzern unterscheiden. Sie machten schnurstracks kehrt und krochen mit hungrigem Gebell unter die Panzer aus den eigenen Reihen.

ÜBERRASCHUNG BEI DER MUSTERUNG

Ein 21-jähriger Engländer unterzog sich im Spätherbst 1983 einer medizinischen Untersuchung zur Aufnahme in das britische Heer. Er hatte keine Beschwerden, war gut in verschiedenen Sportarten und ließ alles entsprechend entspannt über sich ergehen. Bei einer Durchleuchtung aber wurde ein Schatten neben seiner Lunge entdeckt. Die Ärzte befürchteten sofort einen Tumor und plädierten für eine schnelle Operation, um dem Geschwür nicht noch mehr Zeit zum Wachsen zu geben. Der Mann fiel aus allen Wolken. Er rauchte ja nicht einmal, weshalb sollte gerade er unter Lungenkrebs leiden? Selbstverständlich jedoch stimmte er der Operation sofort zu und wurde noch am selben Tag in ein renommiertes Krankenhaus in Liverpool eingeliefert.

Drei Stunden dauerte der Eingriff, dann hatten die Ärzte den Schatten gefunden und entfernt. Doch das, was sie aus dem jungen Mann herausschnitten, war kein Tumor, sondern ein winziger Embryo. Wie sich herausstellte, handelte es sich um den Zwilling des Mannes. Dieser hatte sich im Mutterleib nicht weiter entwickelt und war mit den Jahren aus ungeklärten Umständen in die Brustregion seines Bruders gewandert. Nachdem die Ärzte den Embryo entfernt hatten, konnte der junge Mann in bester Gesundheit der britischen Armee beitreten.

DER BRIEF

Nach dem zweiten Weltkrieg war Deutschland bekanntermaßen am Ende. Es gab zu wenig Geld, zu wenig Vorräte, kein geregeltes Leben, und beinahe jeder war hungrig. Und im besetzten Berlin soll sich damals Folgendes zugetragen haben.

Eine junge Frau bemerkte einen blinden Mann, der sich mühsam seinen Weg durch die belebten Straßen suchte. Sie beschloss, ihm ein paar Schritte weit zu helfen und führte ihn. Dabei kamen sie ins Gespräch, tauschten oberflächliche Nettigkeiten aus und beklagten gemeinsam die harten Zeiten. Irgendwann bat der Mann sie um einen Gefallen. Er zog ein kleines Briefkuvert aus der Tasche und fragte, ob sie dieses zu der aufgeschriebenen Adresse bringen könne. Allein würde er ansonsten sehr lange für die relativ kurze Strecke benötigen. Die hilfsbereite Frau sagte zu, zumal die betreffende Straße praktisch auf ihrem Heimweg lag. Sie verabschiedete sich also von dem Mann und marschierte los. Doch nach einer Weile hielt sie noch einmal inne, und wandte sich um, um zu sehen, ob er noch weiterhin Hilfe benötige. Im ersten Moment konnte sie ihn nicht entdecken, doch dann sah sie seine Gestalt im Eilschritt in die entgegengesetzte Richtung verschwinden. Etwas befremdet drehte sie den Umschlag in ihrer Hand. Die Sache fing an, sie zu beunruhigen. Der Mann war sicher nicht blind gewesen.

Sie ging also zur Polizei und erzählte die ganze Geschichte. Die Beamten machten sich daraufhin auf den Weg zu der auf dem Umschlag vermerkten Adresse. Dort angekommen fanden sie eine weiträumige Wohnung, in der eine große Menge menschlichen Fleischs zum Verkauf angeboten wurde. Fleisch, das für den Verzehr bestimmt war. In dem Umschlag aber fand sich nur eine kurze Nachricht.

»Das ist der Letzte, den ich dir heute sende.«

SELBSTMORD IM DIENST

Ein junger Rekrut in den USA hielt den Militärdienst nicht mehr aus. Der Druck der Vorgesetzten, der Spott der Kameraden, wenn er sich wieder einmal zu ungeschickt angestellt hatte, all das erdrückte ihn. Er wusste sich keinen Rat und versuchte daher, eine vorzeitige Entlassung zu provozieren. Sein Plan war in der Theorie schnell ersonnen, doch in der Praxis grauste ihn vor der Umsetzung. Am Abend eines besonders schlimmen Tages aber fasste er sich ein Herz. Er hielt seine Hand zwischen Zimmertür und Rahmen und schmetterte die Tür zu, zweimal, dreimal, bis er schreiend zusammenbrach. Vier Wochen wurde die Hand ruhig gestellt, und er musste in psychiatrische Behandlung, wobei die Zeit nicht auf seinen Dienst angerechnet wurde. Der Tag seiner Entlassung verschob sich um einen Monat nach hinten. Zudem musste er zur Strafe den Kasernenboden säubern.

Zwar hört man immer wieder die Geschichte von Soldaten, welche die Treppe mit einer Zahnbürste scheuern müssen, doch die Wirklichkeit sieht anders aus. Der Rekrut bekam eine schwere, unhandliche Poliermaschine zur Verfügung gestellt, mit der er alle Flure der Kaserne zum Glänzen bringen sollte. Was mit zwei gesunden Händen schon nicht leicht war, erwies sich mit einer als wahre Tortur. Immer wieder stieß er mit der Maschine gegen die Wand und fuhr mit ihr über das 15 Meter lange Kabel, das ohne besondere Aufrollvorrichtung aus der Maschine hing und ständig im Weg herum lag. Er schwitzte, die gesunde Hand begann bald zu schmerzen, und am ersten Abend fiel er erschöpft ins Bett. Nur ein Sechstel der Böden hatte er geschafft, und seine Verzweiflung hatte zugenommen.

Gegen Mittag des nächsten Tages gingen ihm im dritten Stock die Nerven durch. Er wickelte sich das Kabel der

Poliermaschine um den Hals, wuchtete das Gerät auf seine Schulter und stieß es mit der gesunden Hand durch das Fenster in den Hof. Dann wartete er, dass ihm das Genick gebrochen werden und die Maschine seinen nutzlosen Körper mit in die Tiefe reißen würde. Doch auch jetzt erwies sich das Kabel als verdammt lang. Die Poliermaschine zerschmetterte auf dem Innenhof, und als die Leute aus den angrenzenden Büros stürmten, stand er noch immer verdattert neben dem kaputten Fenster, das graue Kabel um den Hals.

Die Poliermaschine musste er der Armee ersetzen, wie auch das Fenster. Zwei Wochen Arrest kamen hinzu, und zudem wurde er danach unehrenhaft entlassen. Letzteres allerdings stimmte ihn wieder fröhlich. Denn ob ehrenhaft oder nicht, die Hauptsache für ihn war, dass er den Kasernen auf immer den Rücken kehren konnte.

KAPITEL 13

RÄUBER UND GENDARM

Räuber und Gendarm, das Verbrechen und seine Aufklärung, gehören als Gegenpole einfach zusammen, auch wenn moderne Sagen sich häufig auf das Verbrechen beschränken und die Polizeiarbeit dazu außen vor lassen. Die Angst vor Verbrechen kursiert praktisch überall, von Handtaschendieben, Mördern und anderen Verbrechern war schon in verschiedenen anderen Kapiteln die Rede. Doch es wird Zeit, ihnen einen eigenen Abschnitt zu widmen, denn die Verbrecher in den modernen Sagen sind mindestens so kriminell wie die in der Realität. Häufiger sind sie überdies, praktisch überall lauert einer, oder sogar ein ganzes Rudel. Die allseits beliebten Psychopathen und einfache Diebe treiben hier ihr Unwesen, doch auch die Polizei verhält sich nicht immer einwandfrei.

HEIMFAHRT IM BUS

Eine Frau war mit öffentlichen Verkehrsmitteln unterwegs, um Einkäufe zu erledigen. In einer kleinen Boutique, in der sie einen neuen Rock erstanden hatte, lief der lokale Radiosender. Der Sprecher berichtete von einem psychopathischen Killer, der am selben Tag aus dem örtlichen Gefängnis entkommen war. Er habe schon mehrere Menschen getötet, und zwar vorwiegend in den Linienbussen verschiedener Städte.

Auch wenn die Frau beunruhigt war, wollte sie doch das Geld für ein Taxi sparen und stieg in ihren Bus. Es würde ihr nichts passieren, beruhigte sie sich im Stillen, sie saß schließlich nicht alleine im Bus, und der Killer sei sicher auf der Flucht, würde sich erst einmal verstecken und nicht schon wieder auf der Suche nach neuen Opfern sein. Außerdem waren täglich Zigtausende mit dem Bus unterwegs, warum sollte gerade ihr etwas geschehen?

Doch alle Selbstberuhigung half nichts. Die Minuten vergingen, ihre Beunruhigung wuchs, und immer wieder schielte sie nervös zu den Männern in ihrer Nähe. Der Mann ihr schräg gegenüber auf der anderen Seite des Gangs starrte ihr penetrant auf die Beine, ohne einmal den Blick zu heben, und der direkt hinter ihm grinste die ganze Zeit breit vor sich hin, fast besessen, vielleicht gar wahnsinnig. Doch Starren und Grinsen stellen natürlich keine kriminelle Handlungen dar; sie räusperte sich kurz, nahm Haltung ein und rief sich zur Vernunft.

Als an der nächsten Haltestelle ein neuer Fahrgast einstieg, ein angespannt wirkender Mann mit Anzug und Krawatte, dachte sie immer wieder den einen Satz: »Setz dich nicht neben mich. Setz dich nicht neben mich. Setz dich nicht ...«

Doch genau das tat er.

Zwei Stationen später erhob sich der permanent Grinsende und wechselte seinen Platz, er ließ sich auf dem Sitz direkt hinter ihr nieder. Ihre Fantasie drohte langsam wirklich durchzugehen, sie sah überall Mörder, fühlte sich eingekesselt. Da steckte ihr der Mann neben ihr einen Zettel zu. Sie blickte kurz darauf und las: »Steigen Sie an der nächsten Station aus! Unbedingt!«

Der Mann ihr gegenüber stierte noch immer auf ihre Beine, er schien nicht einmal zu blinzeln. Das ertrug sie nicht länger, sie stand auf und verließ den Bus. Der Anzugträger folgte ihr. Draußen wollte er wissen, weshalb sie ihm, einem Fremden, vertraut habe.

»Ich habe Ihnen nicht vertraut, ich konnte nur nicht mehr ertragen, wie dieser Mann mich angestarrt hat«, erwiderte sie. »Aber weshalb haben Sie mir den Zettel geschrieben?«

»Ich bin Arzt. Und ich habe solche starren Augen schon öfter gesehen, so oft, dass ich mir sicher war, der Mann lebte nicht mehr, er war tot. Dann nahm ich ein kurzes Aufblitzen in der Hand seines Hintermannes wahr, als er sich umsetzte, auf den Platz hinter Ihnen. Ein Aufblitzen wie das Reflektieren von Licht auf Stahl. Um mich zu vergewissern, dass ich hier keinen wirren Fantasiegebilden erlag, warf ich einen schnellen Blick auf die Rückseite der Lehne des Toten, und tatsächlich erspähte ich dort einen schmalen Schlitz, als habe jemand einen Dolch durch den Sitz gestoßen. Der Mann hinter Ihnen war ein Killer, und hätten Sie mir nicht vertraut, wären Sie als Nächstes an der Reihe gewesen.«

DEIN FREUND UND HELFER

Eine Frau Mitte 30 war abends mit dem Auto auf dem Weg nach Hause. Es war schon nach 22.00 Uhr und die Sonne längst untergegangen, doch die Schnellstraße war recht frei, und so konnte sie auch in den auf 100 km/h beschränkten Bereichen mit 130 oder 140 fahren. Sie kannte die Strecke und fühlte sich sicher. Doch als unerwartet hinter ihr ein Blaulicht losging, verfluchte sie ihre Eile und die Polizei.

Nun wusste sie aber nicht genau, wie man sich in solchen Situationen korrekt verhalten solle. Rechts an den Rand zu fahren, schien ihr das Vernünftigste zu sein. Also hielt sie auf dem Seitenstreifen, der andere Wagen hinter ihr. Sie wartete ab und warf einen Blick in den Rückspiegel, doch dort konnte sie gegen das Scheinwerferlicht nicht viel erkennen. Lediglich das Blaulicht sah sie rotieren. Warum war sie nur zu schnell gefahren? Hoffentlich kam sie noch ohne Führerscheinentzug davon.

Wenige Sekunden, nachdem sie angehalten hatte, erschien ein bärtiger Mann in Polizeiuniform und mit Taschenlampe an ihrem Fenster und bedeutete ihr, es runterzukurbeln.

»Führerschein und Papiere bitte.«

Sie holte sie aus ihrer Handtasche auf dem Beifahrersitz und reichte sie hinaus. Der Beamte warf einen Blick darauf, dann bat er sie, auszusteigen.

»Warum das?«

»Schauen Sie sich Ihren Kofferraum mal an. So können Sie nicht herumfahren, das ist gefährlich.«

Sie dachte nach, konnte sich aber an nichts erinnern, was ihr beim Losfahren aufgefallen wäre. Aber wenn sie sich kooperativ zeigte, übersah er vielleicht ihre erhöhte Geschwindigkeit. Lächelnd öffnete sie den Gurt und stieg aus.

Als sie hinter das Auto trat, konnte sie nichts Ungewöhnliches erkennen. Doch da packte der Mann sie plötzlich am Arm und zerrte sie in die Büsche neben der Autobahn. Bevor sie wusste, wie ihr geschah, hatte er sie zu Boden gedrückt und ihre Beine gespreizt. Er vergewaltigte sie, kehrte dann in sein Auto zurück und fuhr davon.

Mittlerweile weiß die Polizei, dass es sich bei ihm um einen Serientäter handelt. Mit Blaulicht und falscher Uniform gibt er sich als Polizeibeamter aus und macht sich diese Autorität zunutze, um sich das Vertrauen einsamer Frauen zu erschleichen. Gefasst wurde der Mann bis heute noch nicht.

URNEN-DIEBE

Ein ungewöhnlicher Diebstahl ereignete sich vor wenigen Jahren bei einem allein stehenden Mann, der recht wohlhabend war und in einem größeren Einfamilienhaus mit weitläufigem Grundstück und schöner Einrichtung lebte. Während er einen Abend mit Freunden in der Stadt verbrachte, stiegen Unbekannte bei ihm ein und entwendeten die unscheinbare Urne seiner vor wenigen Monaten verstorbenen Mutter; ein einfaches Holzkästchen mit ihrer Asche darin. All seine teuren Möbel aber und auch den Fernseher, Videorekorder, Computer und überhaupt alles, das einen gewissen Wert hatte, ließen sie unangetastet. Die Polizei stand vor einem Rätsel, der Mann war verzweifelt, und die Geschichte ging selbstverständlich durch die Presse.

Zwei Tage später lag am Morgen die Leiche eines fremden Mannes vor seiner Tür. Sie war übel zugerichtet, deutlich sichtbare Spuren von Schlägen und Messerstichen waren über den ganzen Körper verteilt. Getötet hatte ihn aber eine Kugel in den Kopf, wie die Obduktion am Nachmittag ergab. Neben der Leiche stand die vermisste Urne, jedoch fehlte etwa die Hälfte der Asche seiner Mutter. Als Drittes jedoch fand sich eine kurze Notiz mit aus der Zeitung ausgeschnittenen Buchstaben:

»Der Trottel hat uns diesen falschen Stoff angedreht, dafür haben wir ihn beseitigt. Sorry, dass wir deine halbe Mutter geschnupft haben, das war nicht so gemeint. Möge sie ab jetzt in Frieden ruhen.«

Bei dem Toten handelte es sich um den Dieb von vor drei Nächten. Er musste die Asche für Kokain gehalten haben. Im Glauben an einen Millionenfund hatte er alle anderen Wertgegenstände zurückgelassen. Seine Mörder wurden bis heute nicht gefasst.

EIN ERDBEBEN IM NAMEN DES GESETZES

Ein amerikanischer Sportfan hatte sich ein neues Auto geleistet. Jahrelang hatte er auf den teuren Zweisitzer gespart; der Wagen war sein absolutes Traumauto. Doch hatte er nicht lange Freude daran, kaum befand es sich zwei Wochen in seinem Besitz, wurde es ihm bereits gestohlen.

Am 17. Oktober 1989 fand das dritte Spiel der World Series im Candlestrick Park in Oakland, Kalifornien, statt. Unser Sportfan saß natürlich begeistert auf der Tribüne und feuerte sein Team an. Während des Spiels aber brach unvermittelt ein starkes Erdbeben in San Francisco aus, das auch im Stadion zu spüren war. Das Spiel wurde sofort abgebrochen. Die Zuschauer rannten panikartig ins Freie, unter ihnen auch der stolze Besitzer des Wagens. Und er war verärgert über den Abbruch; sein Team hatte gerade einen Lauf gehabt. Doch Erdbeben und Spielabbruch sollten noch nicht alles gewesen sein. In all der Hektik konnte er seinen neuen Wagen nicht finden. Erst dachte er, er könne sich vielleicht nicht genau an den Parkplatz erinnern, doch auch mehrmaliges Herumirren half nichts. Das Auto war und blieb verschwunden. Wahrscheinlich war es gestohlen worden. Er verfluchte den Tag und rief sich ein Taxi. Noch am selben Abend meldete er den Verlust des Wagens der Polizei, auch wenn er keine großen Hoffnungen hegte, dass diese sich in der augenblicklichen Situation um sein Anliegen würde kümmern können.

Nur wenige Tage später allerdings wurde sein Auto tatsächlich gefunden. Es lag zerquetscht unter einem Berg von Schutt eines während des Erdbebens auf eine Straße gestürzten Gebäudes. Der Dieb saß noch hinter dem Steuer, den Schädel eingeschlagen, die Glieder verrenkt. Viel hatte er von dem Diebstahl nicht gehabt, das Erdbeben hatte ihn schneller als die Polizei zur Strecke gebracht.

ERWÜRGT IN LONDON

Im Londoner Viertel Chelsea wurden in den frühen 90er Jahren nachts oder in den frühen Morgenstunden immer wieder erwürgte Frauen aufgefunden. Die Polizei erkannte zunächst keinen Zusammenhang, die Frauen hatten sich nicht gekannt, waren unterschiedlichen Berufen nachgegangen und lebten in verschiedenen Vierteln, zwei sogar außerhalb der Stadt. Sie waren zwischen 21 und 37 Jahren alt und sahen alle – was die einzige, zugegebenermaßen sehr subjektive Gemeinsamkeit war – recht gut aus. Dennoch wies keine von ihnen Spuren einer Sexualstraftat auf. Ein Raubmord konnte ausgeschlossen werden, den Frauen war keine ihrer Habseligkeiten entwendet worden.

Und nur der Zufall brachte die Polizei auf die richtige Spur. Einer der ermittelnden Beamten hatte den zuständigen Pathologen zweimal nachts in Chelsea gesehen. Eine Exhumierung der Leichen und Untersuchung durch einen anderen Arzt bestärkte den Verdacht, und im Verhör gab der Mann seine Taten schließlich zu.

Er hatte sich in Clubs oder auf der Straße Frauen ausgesucht, die ihn erregten, war in einer einsamen Gasse über sie hergefallen und hatte sie erwürgt. Dann war er möglichst schnell verschwunden, um nicht zu lange am Tatort zu verweilen. Eine Vergewaltigung hätte eine erhöhte Gefahr der Entdeckung nach sich gezogen. Und was sollte er dies riskieren, er wusste doch, sie würden früher oder später auf seinem Tisch landen, und dann hätte er alle Zeit der Welt.

TOILETTEN-TERRORISTEN

Um die Jahrtausendwende wurden verschiedene Fälle bekannt, wo ein harmloser Besuch einer mehr oder weniger öffentlichen Toilette tödlich endete, oder mit schweren Verletzungen einiger Männer. Die Schuld trug eine Splittergruppe der international agierenden terroristischen *Zero Population* Bewegung, und eben nicht radikale Feministinnen, wie manch einer im ersten Moment vermutete.

Auch ein Student einer Universität im Ruhrgebiet war unter den Opfern. Er ging wie üblich in der Mittagspause auf die Unitoilette, betrat die Kabine, wischte aus hygienischen Gründen kurz über die Brille und setzte sich. Der Druck seiner Blase war groß gewesen, doch der Strahl sprudelte noch keine drei Sekunden, da schnellte unter der Klobrille eine scharfe Klinge hervor, die, an einen speziellen Federmechanismus gekoppelt, mit unglaublicher Wucht einmal unter der vorderen Hälfte der Brille entlang raste, den halben Penis des jungen Mannes abtrennte und seine Hoden schwer verletzte. Er schrie um Hilfe und konnte mit seinen Händen das Blut halten, bis ein Krankenwagen kam.

Er überlebte, aber andere hatten weniger Glück. In den USA, Heimat der *Zero Population* Bewegung, waren bis Ende 2002 insgesamt dreizehn Todesfälle zu beklagen.

Diese Klinge mit Sprungfeder war unter der Klobrille montiert worden und mit einem Auslöser verbunden, der reagierte, wenn die Brille für mindestens 5 Sekunden mit mehr als 50kg Gewicht belastet wurde. Diese und vergleichbare Konstruktionen fanden sich an verschiedenen öffentlichen und halb öffentlichen Toiletten. Heute sind kaum noch derartige Fälle bekannt. Jüngst aber ging einer Nachrichtenagentur ein Schreiben einer Splittergruppe dieser Bewegung zu, man habe eine noch effektivere Version dieser Toiletten-Falle entwickelt. Und bald schon werde man sie einsetzen.

KAPITEL 14

VERMISCHTES

Nicht jede der gesammelten Sagen ließ sich in eines der Kapitel einordnen, und so findet sich hier ein abschließendes Sammelbecken für alle verbliebenen Geschichten, das die Vielfalt der modernen Sagen belegt. Da es deshalb keine allgemeinen Bemerkungen vorweg gibt, habe ich in einem Fall ein paar erläuternde Worte an die eigentliche Sage angeschlossen.

DER MÜLLMANN-ZIVI

Ein junger katholischer Mann aus einem kleinen Dorf im Allgäu hatte eben sein Abitur gemacht und trat nun seinen Zivildienst bei der individuellen Schwerstbehindertenbetreuung an. Aufgrund seiner freundlichen Art war er bei den Behinderten sehr beliebt, und auch, weil er noch keiner Pfleger-Routine verfallen war und auf die Menschen direkt einging. Er war jung und erfüllt von dem Glauben an das Gute im Menschen, und so ging er naiv davon aus, dass ein jeder ihm mit derselben Offenheit und Wahrheitsliebe begegnen würde, die auch er seiner Umwelt entgegenbrachte. Dass der eine oder andere Patient für ein wenig mehr Aufmerksamkeit zu flunkern bereit war, musste er erst noch lernen.

Besonders mit einem schrulligen Mann kam der frisch gebackene Zivi überraschend gut zurecht. Ein Mann, der ein Faible für Mülltüten entwickelt hatte und von den anderen Betreuern meist scheel angesehen wurde. Er sagte oft, er würde lieber in einem Müllsack begraben werden als in einem Sarg, denn schließlich seien alle Menschen nach ihrem Tod nichts weiter als Abfall. Der junge Zivi teilte in seinem Glauben an einen gütigen Gott und das Jenseits diese Einstellung nicht. Dennoch tat er ihm den Gefallen und setzte ihn ab und zu aus seinem Rollstuhl in einen großen grauen Müllsack, den er extra für diese Zwecke mitgebracht hatte. Der Mann schien glücklich, und das wiederum freute den Zivi.

Eines Tages jedoch erweiterte der Mann seinen Wunsch und bat den jungen Betreuer am Ende seiner Schicht, ihn in einem Müllsack in eine Mülltonne zu stecken, bevor er gehe. Erschrocken wehrte der Mann ab, doch der andere beruhigte ihn. Er habe alles mit seiner Schwester abgesprochen, die in fünf Minuten komme und ihn wieder herausholen werde. Die Tüte sei ja nicht zugebunden, und durch den Tonnenrand komme genug Luft, er würde so sicher nicht ersticken. Der junge Katholik wusste, dass die Schwester des Kauzes jeden Abend vorbeischaute, und so vertraute er ihm und tat ihm auch diesen Gefallen.

Die Schwester aber kam an diesem Abend später als gewöhnlich. Sie hatte dies ihrem Bruder und der Zivildienststelle telefonisch mitgeteilt, doch niemand hatte es an den jungen Zivildienstleistenden weitergeleitet. Der Patient hatte seine Chance gesehen und sich mit seiner Lüge den Wunsch vom Tod in der Mülltonne erfüllt. Als man ihn fand, hielt seine tote Hand den Müllsack noch immer von innen zu. Der Zivi aber verzweifelte über seine Gutgläubigkeit und musste in psychiatrische Behandlung. Noch heute kämpft er vergeblich mit seinen Schuldgefühlen.

VERBALER FINDERLOHN

An einem sonnigen Novembertag des Jahres 2001 nutzten viele Leute in der Dortmunder Innenstadt einen der letzten schönen Tage des Jahres zum Bummeln. Auch eine junge Frau aus dem Sauerland war in die Stadt gekommen, um sich mit ihrer Freundin zu treffen. Da diese sich verspätete, stand sie nun in der Fußgängerzone am ausgemachten Treffpunkt und beobachtete gelangweilt die Passanten.

An einem von ihnen, einem kräftigen, dunkleren Mann mit gepflegtem Vollbart und arabischen Gesichtszügen blieb ihr Blick hängen. Auf der gegenüberliegenden Straßenseite durchsuchte er nervös seine Jacken- und Hosentaschen. Dabei fiel ihm ein kleines Mäppchen heraus. Die junge Frau wollte ihm ein Zeichen geben, dass er etwas verloren hatte, doch in dem Moment drehte er sich um und verschwand in Richtung Bahnhof.

Sie lief hinüber, hob das Mäppchen auf und blickte hinein. Überrascht hätte sie es beinahe wieder fallen gelassen, mehrere Tausend-Mark-Scheine befanden sich darin, jedoch keine anderen Papiere, die Auskunft über den Besitzer hätten geben können. Kurz kam ihr der Gedanke, das Geld zu behalten, doch dann überwog das schlechte Gewissen. Vermutlich würde sie damit den Mann und seine Familie ruinieren. Also lief sie ihm hinterher.

Wenige Meter vor dem Bahnhof holte sie ihn ein und drückte ihm ihr Fundstück in die Hand. Dankbare Erleichterung machte sich auf seinem Gesicht breit, und er steckte das Mäppchen ein. Dann kramte er einen Geldbeutel aus der Tasche, holte einen Zwanziger, den einzigen Schein darin, heraus und gab ihn ihr.

»Ein kleiner Finderlohn«, sagte er. »Mehr kann ich Ihnen leider nicht geben, das andere Geld gehört mir nicht.«

Er wollte sich schon abwenden, überlegte es sich aber

noch einmal und fügte hinzu: »Und wenn ich Ihnen einen kleinen Rat geben darf: Gehen Sie am dritten Adventssamstag nicht ins Oberhausener Centro einkaufen. Unter keinen Umständen.«

Dann verschwand er über der Straße und im Bahnhofsgebäude und ließ die staunende Frau zurück, die erst langsam begriff, was für eine Warnung sie gerade eben erhalten hatte.

Diese Geschichte ist eine klassische moderne Sage für die Zeit nach den Anschlägen vom 11. September 2001 in New York und zeigt die Angst vor weiteren Attentaten, auch in Deutschland. Doch in Oberhausen ist an besagtem Tag keine Bombe explodiert, und man kann davon ausgehen, dass die Geschichte reine Erfindung war. In den USA kursierten 2001 ähnliche Geschichten, dabei war jedoch fast immer Halloween das Datum, vor dem gewarnt wurde. Und charakteristisch für eine moderne Sage ist auch hier, dass »die ehrliche Haut« belohnt wird.

Die Anschläge vom 11. September haben neue Ängste hervorgebracht, und in den Wochen danach entstanden massenhaft »politische« moderne Sagen über Terroristen oder über den Einfluss verschiedener, als bedrohlich empfundener Gruppen auf die nordamerikanische Politik. Neben den guten alten Psychopathen haben sich in den USA sehr schnell Terroristen als Buhmänner in der modernen Sage etabliert, und ähnlich wie den Psychopathen wird ihnen wirklich alles zugetraut.

NOCH EIN EHRLICHER FINDER

Ein 59-jähriger Mann schlenderte durch Los Angeles, als eine junge Frau mit verbissenem Gesichtsausdruck an ihm vorbeieilte. Als habe sie einen außerordentlich wichtigen Termin, so wichtig, dass sie sich nicht einmal nach den Papieren bückte, die sie verlor, als sie einem Passanten auswich.

Der Mann nun hob das Verlorene auf und hielt zu seinem Erstaunen etliche Geldscheine in seinen Händen. Er rief hinter ihr her und winkte wild mit den Scheinen, doch vergeblich. Und so rannte er los, um ihr das Geld hinterherzutragen.

Zwei, drei Straßen konnte er ihr folgen, aber sie wurde nicht langsamer, hörte sein Rufen aus der Distanz nicht, und ihn verließ langsam der Atem. Doch so schnell wollte er nicht aufgeben. Immerhin handelte es sich um ganze 220 Dollar, wie er nach kurzem Zählen feststellte. Er ging zur nächsten Polizeidienststelle, um den Fund zu melden, und in der Hoffnung, man könne ihm hier helfen, die Frau zu finden.

Genau dies aber versuchte die Polizei bereits seit einer halben Stunde. Die Frau hatte vor kaum einer Stunde eine Bank überfallen und den Schalterbeamten mit einem vorgehaltenen Messer gezwungen, ihr 250 Dollar auszuhändigen. So, wie es jetzt aber aussah, war sie das meiste davon schon wieder los. Der ehrliche Finder erfuhr also nicht die Adresse der Frau, sondern die der beraubten Bank, und so konnte er schneller und anders als erwartet das Geld dem rechtmäßigen Besitzer wieder aushändigen.

EINE TODSICHERE METHODE DES SUIZIDS

Methoden, sich selbst umzubringen, gibt es viele, doch nicht jede führt zum Erfolg. Und so gibt es auf unserer Welt unzählige Leute, die einen Selbstmordversuch überlebt haben. Zu diesen gehört auch ein junger Mann aus Frankreich. Drei erfolglose Versuche hatte er bereits hinter sich, und nun wollte er auf Nummer sicher gehen und kombinierte eine Reihe von oft bewährten Methoden miteinander.

Den krönenden Abschluss seines Ablebens sollte das Erhängen bilden, ein klassisch-romantischer Ausgang sozusagen. Er suchte sich einen schönen, starken Baum auf einer Klippe gut zwanzig Meter hoch über dem Meer und warf sein Seil über den dicksten den Abgrund überragenden Ast, von dessen Stabilität er sich zuvor überzeugt hatte. Um sich aber den Schmerz des Seils um den Hals zu ersparen, und um auf Nummer sicher zu gehen, organisierte er zudem eine Überdosis Schmerzmittel und Schlaftabletten.

Doch damit war er noch nicht zufrieden, seine misstrauische Natur befürchtete, beides könnte fehlschlagen, er hatte schließlich entsprechende Erfahrungen gesammelt. Also besuchte er auf dem Weg zur Klippe kurz seine Eltern und entwendete die Pistole seines Vaters aus der Schublade des Nachtkästchens.

Endlich am Baum angekommen, legte er sich die Schlinge um den Hals – nachdem er den Knoten dreimal kontrolliert hatte –, schluckte seinen Medikamentencocktail, warf sich über den Rand der Klippe und schoss sich gleichzeitig in den Kopf.

Zumindest versuchte er es.

Im Sprung wackelte er mit dem Arm und verfehlte tatsächlich seinen Kopf, traf aber zufällig das Seil, das, derart beschädigt, das Gewicht seines Körpers nicht mehr tragen konnte und riss. Der Mann stürzte in die Tiefe, und das Meer bremste seinen Aufschlag. Untergetaucht schluckte er eine Unmenge Salzwasser, was ihn zum Erbrechen zwang, und so verließen auch die Medikamente seinen Körper, bevor sie ihre tödliche Wirkung entfalten konnten. Durch diese Umstände völlig verwirrt, verzichtete er darauf, zu ertrinken, und kämpfte sich instinktiv die wenigen Meter an Land. Dort überdachte er alles noch einmal und ließ zu guter Letzt den Selbstmord ein für alle Mal sein.

MORD ODER SELBSTMORD

Mord oder Selbstmord, das ist eine Frage, die sich den Gerichtsmedizinern immer wieder stellt. Selten aber war ein Fall so knifflig wie der Folgende.

Die Obduktion einer Leiche ergab eindeutig, dass sie an einer Kugel durch den Kopf gestorben war. Genauere Untersuchungen des Tathergangs jedoch offenbarten eine bizarre Geschichte, die ein anderes Licht auf die Ereignisse wirft.

Der Mann, um dessen Leiche es sich handelte, war vom Dach eines zehnstöckigen Hauses gesprungen. Dies geschah, wie aus einem Abschiedsbrief deutlich ersichtlich war, mit dem festen Vorsatz, seinem Leben ein Ende zu setzen. Auf der Höhe des neunten Stockwerks jedoch wurde er durch eine Gewehrkugel getötet, die ihm aus der dort gelegenen Wohnung heraus den Schädel zerschmetterte. Zwischen dem siebten und achten Stock war ein Netz gespannt, das der Sicherheit von Fensterputzern dienen sollte und den Sturz des Mannes bremste. Davon hatten jedoch weder er selbst noch der Schütze etwas geahnt. Der Selbstmord wäre also in jedem Fall misslungen, und der Mann hätte entsprechend Gelegenheit gehabt, seine Tat noch einmal zu überdenken. Somit kam der untersuchende Mediziner zu dem Schluss, dass es sich in diesem speziellen Fall nicht um Selbstmord handelte.

Weitere Untersuchungen ergaben, dass der Schütze ein älterer Mann war, der im Streit mit seiner Ehefrau sein Gewehr aus dem Schrank geholt hatte, um damit vor ihr herumzufuchteln und sie zu bedrohen. Dabei hatte sich der Schuss gelöst, seine Frau verfehlt und zufällig den am Fenster vorbeistürzenden Mann getroffen.

Nun, wer eine Person ermorden will und dabei eine andere trifft, der ist immer noch schuldig zu sprechen, es bleibt nur die Frage, ob für Mord, Totschlag oder fahrlässige Tötung.

Doch es stellte sich ferner heraus, dass sowohl der ältere Mann als auch seine Ehefrau überrascht waren, dass die Waffe überhaupt geladen war. Sie gaben unabhängig voneinander zu Protokoll, er drohe ihr immer mit seinem Gewehr, das nie geladen war. Da das Gewehr demnach versehentlich geladen worden war, musste der Schuss nun als eine Art Unfall gewertet werden.

Doch wer nun hatte das Gewehr geladen und trug Verantwortung? Im Lauf der folgenden Untersuchungen ergab sich, dass dies nur der Sohn der beiden getan haben konnte. Wenige Wochen vor dem Unglück hatte seine Mutter ihm die finanzielle Zuwendung gestrichen, und so musste er gehofft haben, der Vater werde die Mutter töten. Nun wurde also der Sohn der beiden gesucht, und zwar wegen Mord, Totschlag oder fahrlässiger Tötung des Mannes, der am Fenster vorbeigefallen war.

Nun, den Sohn hatten die Ermittler schnell gefunden. Es handelte sich um den Erschossenen selbst. Das Streichen der finanziellen Zuwendung hatte ihn veranlasst, vom Dach des Hochhauses zu springen, auf Höhe dessen neunten Stockwerks ihn dann der Tod durch die verirrte Kugel ereilt hatte.

Der Fall wurde zum Selbstmord erklärt und die Akte geschlossen.

SCHÖNE NEUE ZÄHNE

Die Angst vor dem Zahnarzt ist schon beinahe sprichwörtlich. Mindestens einmal jährlich muss man hin, immer droht der sirrende Bohrer und im Extremfall sogar der schmerzhafte Verlust eines Zahnes. Für diesen erhält man zwar künstlichen Ersatz aus dem Labor, doch dieser hat im Wesentlichen drei Nachteile: Er ist teuer, sieht nicht immer optimal aus und sitzt nicht so wie die eigenen, gewachsenen Zähne.

Eines dieser Probleme jedoch schien im Lauf des Jahres 2003 in Paraguay gelöst worden zu sein. Mit einem Mal tauchten dort in verschiedenen Laboren täuschend echt aussehende Ersatzzähne auf. Der Sitz war nicht besser als der anderer Laborprodukte, der Preis nicht geringer, aber das Material fühlte sich wie natürlicher Schmelz an, und die Farbe passte genau, selbst im Schwarzlicht der Discotheken, das schon so manches Kunstprodukt entlarvt hat. Die Schöpfer dieser Innovation allerdings blieben im Hintergrund, sie scheuten das Rampenlicht und drückten nicht mit großem Trara an die Öffentlichkeit.

Was zunächst wie Bescheidenheit klang, entpuppte sich schon bald als notwendige Taktik dieser Unternehmung. Die Zähne nämlich hatten nie ein Labor, sehr wohl aber einen Sarg von innen gesehen. Die vermeintlichen Zahnersatzexperten und Lieferanten dieser Labors hatten des Nachts mehrere hundert Gräber von frisch Verstorbenen wieder geöffnet, den Toten die gut erhaltenen Zähne gezogen, sie gesäubert und dann zum Standardpreis für Ersatzzähne weiter verkauft.

TÖDLICHE STIEFEL

Gegen Ende des 19. Jahrhunderts versperrte in den Vereinigten Staaten eine Klapperschlange einem Cowboy den Weg. Dieser zog sofort seinen geliebten Revolver und leerte das Magazin auf das angreifende Tier. Er traf die Schlange, jedoch nicht tödlich. Also trat er nach ihr, und tatsächlich gelang es ihm, den Kopf des verwundeten Tieres unter seiner Sohle zu zerquetschen. Am Abend im Saloon erzählte er stolz, wie er wieder einmal dem Tod von der Schippe gesprungen war.

Doch allzu sicher vor dem Tod sollte sich niemand fühlen. Schon wenige Tage später erkrankte der Mann scheinbar grundlos. Auch der Arzt des kleinen Städtchens wusste keinen Rat. Der Mann starb, und sein Sohn erbte alles. Stolz trug er die guten Stiefel des Vaters, doch auch ihn befiel die seltsame Krankheit, und schon nach wenigen Tagen folgte er seinem Vater ins Grab.

Die Frau des jungen Mannes aber war zu dieser Zeit schwanger und gebar bald darauf einen kräftigen Jungen, der schnell heranwuchs und schon als Kind Talent zum Cowboy zeigte. Ganz der Vater, sagten die Nachbarn. Als er volljährig war, gab die Mutter ihm das Paar Stiefel, das sie gut bewahrt und gepflegt hatte. Und sie erzählte ihm, dass sein Vater und sein Großvater in diesen Stiefeln gestorben waren und ermahnte ihn, sie entsprechend mit Stolz zu tragen und gut auf sie zu achten. Und der junge Mann trug sie mit Stolz und achtete auf sie, und ein paar Tage später starb auch er.

Das schienen einem Nachbarn nun doch zu viele Zufälle – ein Mann mag erkranken, und er mag auch seinen Sohn anstecken. Doch wenn Jahre später wieder dieselbe mysteriöse Krankheit auftaucht, musste dies eine andere Ursache haben. An einen Fluch, der auf der Familie lastete, wollte er nicht glauben, und so untersuchte er unter anderem die Stiefel sehr sorgfältig. Und tatsächlich, im Absatz fand er den Giftzahn der Schlange, der sich dort hineingegraben hatte, als der Cowboy auf der Schlange herumgetreten war. In diesem aber befand sich noch genügend Gift für mehrere Generationen neuer Stiefelbesitzer.

EIN TOTER BEIM WALDBRAND

Nach einem Waldbrand in Kalifornien fand sich zwischen den angekokelten und verbrannten Bäumen einmal ein Toter, der im ersten Moment bei den Ermittlern nur Kopfschütteln hervorrief. Er trug einen von nasser Asche verschmierten Taucheranzug mitsamt Sauerstoffflaschen und Froschmaske. Die Obduktion ergab zudem, dass er nicht an Verbrennungen oder Erstickung verstorben war, sondern an schweren inneren Verletzungen.

Seine Identität zumindest konnte rasch ermittelt werden, und seine Frau gab weinend zu Protokoll, er sei an dem Tag des Brandes aus dem Haus gegangen, um zu tauchen. Der Wald jedoch lag 15 Meilen von der Küste entfernt und keinesfalls auf dem Weg zwischen dem See und dem Haus des Mannes. Sie konnte sich seinen Tod beim besten Willen nicht erklären.

Nachfragen bei der Feuerwehr ergaben, dass diese gleich nach Bekanntwerden des Feuers Hubschrauber angefordert hatte, um die Flammen mit großen Massen von Wasser möglichst umgehend einzudämmen. Die Hubschrauber hatten im Flug riesige Wannen mit Meerwasser gefüllt, und diese dann über dem Wald geleert, während die meisten Feuerwehrmänner das Feuer vom Boden aus bekämpften.

Immer wieder waren die Hubschrauber geflogen, und bei einer dieser Touren musste der Taucher in eine der Wannen geraten sein. Wahrscheinlich, so vermutete die Polizei später, hatte er sich dabei den Kopf am Wannenrand geschlagen, so dass er, benommen oder bewusstlos, nicht auf sich aufmerksam machen konnte. Und so wurde er über dem Brandherd ausgeleert und prallte mit dem Meerwasser, das die Flammen um ihn herum löschte, auf den Boden.

UNIVERSITÄRE MUTPROBE

An einer Uni im Ruhrgebiet gab es einen Doktor der Philosophie, der für seine strenge Benotung und seine unkonventionellen Fragen berüchtigt war. In einem Proseminar schließlich verteilte er zu Semesterende die abschließende Klausur, in der er nur eine Aufgabe stellte:

»Definieren Sie anhand eines selbst gewählten Beispiels den Begriff Mut.«

Die Studenten stöhnten auf, legten dann aber sofort los und konstruierten verschiedene Situationen voll Zivilcourage, erinnerten sich an Anekdoten ihrer Großväter aus dem Krieg oder räuberten in diversen Filmen. Ein Student aber überlegte minutenlang, welches Beispiel die Sache am besten auf den Punkt bringen würde. Dann nahm er den Stift zur Hand, schrieb »Dies ist Mut« auf sein Blatt Papier, stand auf, legte es vor den Doktor auf das Pult und grinste.

»Ich gehe jetzt besser, ehe er mich verlässt.« Und damit verschwand er aus dem Seminarraum.

Der Student erhielt als Einziger eine Eins in dieser Prüfung.

ANHANG

Eine kleine Auswahl erwähnter, verwendeter oder im Zusammenhang des vorliegenden Titels empfehlenswerter Bücher und Filme.

<u>Bücher:</u>

Brednich, Rolf Wilhelm: Die Spinne in der Yucca-Palme – Sagenhafte Geschichten von heute. München (Beck) 1990.

Brednich, Rolf Wilhelm: Die Maus im Jumbo-Jet – Neue sagenhafte Geschichten von heute. München (Beck) 1991.

Brednich, Rolf Wilhelm: Das Huhn mit dem Gipsbein – Neueste sagenhafte Geschichten von heute. München (Beck) 1993.

Brednich, Rolf Wilhelm: Die Ratte am Strohhalm – Allerneueste sagenhafte Geschichten von heute. München (Beck) 1996.

Brunvand, Jan Harold: The Vanishing Hitchhiker – American urban legends and their meanings. New York/London (Norton, W. W. & Company, Inc.) 1981.

Fischer, Helmut: Der Rattenhund – Sagen der Gegenwart. Pulheim (Rheinland Verlag) 1991.

Jüngst, Heike (Hrsg.): Urban Legends. Stuttgart (Reclam) 1999.

Klintberg, Bengt af: Die Ratte in der Pizza und andere moderne Sagen und Großstadtmythen. Kiel (Butt) 1990.

Northcutt, Wendy: Die Darwin Awards – für die skurrilsten Arten, zu Tode zu kommen. Hamburg (Hoffmann und Campe) 2001.

Northcutt, Wendy: Neue Darwin Awards – für die skurrilsten Arten, zu Tode zu kommen. Hamburg (Hoffmann und Campe) 2002.

Filme:

Fargo (OT: Fargo), Regie: Joel & Ethan Coen, Darsteller: William H. Macy, Frances McDormand, Steve Buscemi, USA/GB 1996, 98 Minuten.

Good Will Hunting (OT: Good Will Hunting), Regie: Gus Van Sant, Darsteller: Robin Williams, Matt Damon, Ben Affleck, USA 1997, 126 Minuten.

Grüne Tomaten (OT: Fried Green Tomatoes), Regie: Jon Avnet, Darsteller: Kathy Bates, Jessica Tendy, Mary Stuart Masterson, Mary-Louise Parker, USA/GB 1991, 130 Minuten

The Blair Witch Project (OT: The Blair Witch Project), Regie: Daniel Myrick, Eduardo Sánchez (II), Darsteller: Heather Donahue, Joshua Leonard, Michael C. Williams, USA 1999, 86 Minuten.

Düstere Legenden (OT: Urban Legends), Regie: Jamie Blanks, Darsteller: Alicia Witt, Jared Leto, Rebecca Gayheart, USA 1998, 99 Minuten.

DANKSAGUNG

Ein solches Buch entsteht nicht im stillen Kämmerlein, und es entsteht sicher nicht ohne die Hilfe anderer Menschen. Und so geht an folgende Personen mein Dank für Rat, Unterstützung, einen tagelang geliehenen Laptop, ein offenes Ohr und natürlich für das Erzählen und Aufspüren von diversen modernen Sagen, auch wenn ich nicht alle in das vorliegende Buch aufnehmen konnte:

Kathleen Weise, Christian von Aster, Gaby Pahr, Mario Strebakowski, meine Eltern, Malte S. Sembten, Inge Festa, Christian Jaser, Jörg Bartscher-Kleudgen, Günther Gerlach, Katarina Jug, Frank Ulbricht und alle namenlosen Erzähler, die ich in den letzten Jahren auf diversen Partys und in den unterschiedlichsten Kneipen getroffen habe, und deren »absolut wahre Geschichten« ebenfalls Einzug in *Der Mann ohne Gesicht* gehalten haben.

Zu guter Letzt möchte ich natürlich Frank Festa danken, der mit der Idee für dieses Buch an mich herangetreten ist, mir hilfreich zur Seite stand und gelassen auf meine Wünsche reagierte, die Deadline noch einmal zu verschieben, als mein Computer sich mit seltsamen Geräuschen aus der Welt der arbeitenden Maschinen verabschiedete.

Nosferatu

Die besten Vampirromane der Welt

Nancy Kilpatrick
TODESSEHNSUCHT
ISBN 3-935822-59-6
256 Seiten

P. N. Elrod
DER ROTE TOD
ISBN 3-935822-36-7
380 Seiten

P. N. Elrod
DER ENDLOSE TOD
ISBN 3-935822-73-1
319 Seiten

P. N. Elrod
VAMPIRDEDEKTIV
JACK FLEMING
ISBN 3-935822-56-1
256 Seiten

P. N. Elrod
BLUTJAGD
ISBN 3-935822-80-4
256 Seiten

Chelsea Quinn Yarbro
HOTEL TRANSILVANIA
ISBN 3-935822-57-X
352 Seiten

Richard Jaymon
VAMPIRJÄGER
ISBN 3-935822-79-0
480 Seiten

HR Giger
HR GIGER'S VAMPIRRIC
ISBN 3-935822-58-8
432 Seiten

FESTA
www.Festa-Verlag.de

Brian Hodge
NIGHTLIFE
ISBN 3-935822-76-6
416 Seiten

HORROR-Taschenbücher

Graham Masterton
DER AUSGESTOßENE
ISBN 3-935822-89-2
400 Seiten

Richard Laymon
PARASIT
ISBN 3-935822-94-4
416 Seiten

Sean Costello
DER CARTOONIST
ISBN 3-935822-77-4
272 Seiten

S. P. Somtow
DUNKLE ENGEL
ISBN 3-935822-96-0
416 Seiten

Brian Lumley
SIE LAUERN IN DER TIEFE
ISBN 3-935822-95-2
224 Seiten

FESTA
www.Festa-Verlag.de